# SALUD DE LOS INMIGRANTES
## MEJORAR LA INTEGRACIÓN Y EL BIENESTAR GLOBAL

*Salud De Los Inmigrantes: Mejorar La Integración Y El Bienestar Global* también está disponible en

Árabe como

صحة المهاجرين: تعزيز التكامل والعافية العالمية

Alemán como *Gesundheit von Einwanderern: Verbesserung der Integration und des globalen Wohlbefindens*

Inglés como *Immigrant Health: Enhancing Integration and Global Wellness*

Otros libros de la serie
Avances de inmigrantes hacia la prosperidad

*Inmigrante Conceptos: Vías de la vida hacia la integración*

*Psicología del Inmigrante: Corazón, Mente y Alma*

# SALUD DE LOS INMIGRANTES

## MEJORAR LA INTEGRACIÓN Y EL BIENESTAR GLOBAL

Joachim O. F. Reimann, Ph.D.
Dolores I. Rodríguez-Reimann, Ph.D.

Romo Books

**Salud De Los Inmigrantes: Mejorar La Integración Y El Bienestar Global**
©2024, Joachim O. F. Reimann y Dolores I. Rodríguez-Reimann.

Todos los derechos reservados.

Publicado por Romo Books, Chula Vista, California

ISBN 978-1-955658-18-8 (rústica)
ISBN 978-1-955658-19-5 (libro electrónico)
Número de control de la Biblioteca del Congreso: 2024901707

Este libro está destinado a proporcionar información precisa con respecto a su tema y refleja la opinión y la perspectiva de los autores. Sin embargo, en tiempos de cambios rápidos, garantizar que toda la información proporcionada sea completamente precisa y actualizada en todo momento no siempre es posible. Por lo tanto, los autores y el editor no aceptan ninguna responsabilidad por inexactitudes u omisiones y específicamente renuncian a cualquier responsabilidad, pérdida o riesgo, personal, profesional o de otro tipo, en el que se pueda incurrir como consecuencia, directa o indirectamente, del uso y / o aplicación de cualquiera de los contenidos de este libro.

Traducción al español por Dolores Rodríguez-Reimann, Ph.D.

Consultor Editorial: David Wogahn, AuthorImprints.com

Para todos nuestros pacientes, colegas y aquellos que trabajan haciendo su parte para darles la bienvenida al extranjero.

# CAPITULOS

# PREFACIO

Este volumen es el tercero y último de nuestra serie sobre la salud de los inmigrantes y la adaptación a sus nuevos entornos. En nuestro primer libro, Inmigrante *Conceptos: Vías de la vida hacia la integración*, proporcionamos una visión general de los elementos que son importantes para una integración exitosa. Estos incluyen transiciones ocupacionales, ajustes culturales, fomento de la resiliencia y áreas relacionadas. Nuestro segundo libro, *Psicología del inmigrante: corazón, mente y alma*, profundiza en las circunstancias psicológicas de los inmigrantes. Esto se centra en las dificultades que a menudo ellos enfrentan y las fortalezas personales que ya tienden a poseer. Al final de este volumen se presentan extractos de estos dos libros.

Si bien sería útil estar familiarizado con nuestros otros dos libros, el que está leyendo puede servir como un texto independiente. Si bien sería útil estar familiarizado con nuestros otros dos volúmenes, el libro actual puede servir como un texto independiente. Aquí nos enfocamos en temas y circunstancias de salud y la salud pública especialmente relevantes para los inmigrantes. Esto nuevamente incluye fortalezas y desafíos personales. Luego hacemos sugerencias sobre cómo los inmigrantes y quienes trabajan con ellos pueden fomentar una mejor salud y bienestar.

La migración trae dificultades tanto para los inmigrantes como para sus nuevos países. Las personas de entornos empobrecidos necesitan más ayuda para establecerse. Pero a largo plazo, los inmigrantes también hacen contribuciones importantes que ayudan a impulsar los motores económicos de sus hogares adoptivos. Los beneficios resultantes duran generaciones. Los autores Ran Abramitzky y Leah Boustan[1] han demostrado, por ejemplo, que los hijos de inmigrantes en los Estados Unidos generalmente mejoran su estatus económico sobre el de sus padres. Esta tendencia ha sido notablemente constante desde la década del 1880. En resumen, la inmigración puede infundir una vitalidad considerable en un país. También puede satisfacer necesidades críticas. En los últimos años, inmigrantes médicos, enfermeras y otros profesionales de la salud, por ejemplo, han ayudado a combatir la pandemia de COVID-19 en muchos países en todo el mundo.[2,3] En los Estados Unidos, las naciones que son miembros de la Unión Europea y otros lugares donde los inmigrantes también han sido trabajadores esenciales que mantuvieron la infraestructura vital de su país de adopción.[4,5]

Al mismo tiempo, la inmigración presenta desafíos a la salud pública. No hace falta decir que el bienestar de una persona es fundamental para una vida feliz y exitosa. Sin embargo, algunos inmigrantes enfrentan dificultades para mantener (y en algunos casos recuperar) su salud y bienestar. Las migraciones también pueden introducir nuevos desafíos de salud para las poblaciones nativas de un país. Estos son algunos ejemplos:

La historia del efecto de la migración en diversas enfermedades infecciosas es larga y compleja. Ella nos recuerda que la viruela y posiblemente el sarampión fueron traídos a Europa por las tropas romanas que habían luchado en Asia Occidental.[6] También se cree que los hunos trajeron la plaga de Justiniano a Europa, al Oriente y otras regiones alrededor del año 541

A.D. Esta plaga, se estima haber matado hasta 25 millones de personas.[7]

Además, los exploradores occidentales introdujeron la viruela y el sarampión en las naciones insulares del Pacífico. Los colonos en el *"nuevo mundo"* introdujeron múltiples enfermedades, incluyendo la viruela, la cólera, la escarlatina y la tos ferina a las tribus nativas americanas.[8] Se estima que esto contribuyó a una disminución de la población nativa americana dentro de las fronteras actuales de los Estados Unidos de aproximadamente 600,000 en 1800 a aproximadamente 250,000 en 1900.

Más recientemente, las migraciones se han asociado con la propagación de COVID-19 y la viruela símica, entre otras enfermedades.[9] Esto, en parte, se ha visto facilitado por la capacidad de nuestra economía global para mover rutinariamente a personas y bienes más rápida a través de los avances tecnológicos en el transporte marítimo y aéreo.[10,11]

¿Cómo respondemos a tales tendencias? Dados a que los países cada vez más están más conectados, los viajes son esenciales. Debido al crecimiento económico es poco probable que estas tendencias cambien en el futuro. Si no existe este movimiento de personas, el estancamiento resultante probablemente desencadenaría un mayor desempleo y otros resultados no deseados. En resumen, las migraciones deben ocurrir y continuarán ocurriendo. Tales realidades nos impulsaron a escribir este libro.

En él, comenzamos discutiendo ejemplos de las enfermedades y otros desafíos de salud a los que algunos inmigrantes pueden estar expuestos en su país de origen o mientras migran.

Luego proporcionamos ejemplos de las circunstancias únicas en torno a la salud que enfrentan algunos inmigrantes en su nuevo país. Esto incluye enfermedades comunes que muchas personas contraen, pero con las que los inmigrantes pueden estar menos familiarizados. También incluye enfermedades y accidentes que los inmigrantes corren a un mayor riesgo de sufrir en sus nuevos hogares. En esta discusión, abordamos las conexiones entre la salud psicológica y física.

El libro también habla sobre las circunstancias que los inmigrantes a menudo encuentran cuando buscan atención médica en su nuevo país. Esto incluye contactos con médicos y otros proveedores, expectativas realistas y poco realistas de los pacientes, y si los servicios que reciben los inmigrantes serán efectivos. La discusión incluye cómo la aculturación afecta las ideas de las personas sobre la salud y la enfermedad, así como su capacidad para acceder a una atención adecuada. También revisamos algunas circunstancias financieras involucradas en el seguro de la salud. Además, abordamos las diferencias entre los medicamentos y otros tratamientos a los que las personas están acostumbradas en su país de origen y los disponibles en sus nuevos hogares. Específicamente, los medicamentos (tanto recetados como sin receta) y los remedios que las personas toman rutinariamente en su país de origen pueden o no existir (o pueden no ser legales) en su país de adopción. Rohypnol (Flunitrazepam), por ejemplo, es un agente contra la ansiedad especialmente potente en la familia llamada benzodiazepinas (como Xanax y Valium). Se utiliza en partes de Europa, Japón, Australia, Sudáfrica y América Latina. Pero no está aprobado para uso médico en los Estados Unidos.[12]

¿Cómo mejoramos la atención médica en todo el mundo? La pandemia de COVID-19 ha sido un evento importante en muchas de nuestras vidas. Pero esta pandemia también puede enseñarnos cómo hacerlo mejor cuando ocurran eventos similares en el futuro. Fundamentalmente, necesitamos abordar el contexto global de la enfermedad. Los virus y las bacterias no respetan las fronteras internacionales. Van a donde los humanos (y en algunos casos los animales que infectan) les permiten ir. Dada la interconexión del mundo, esperamos que las enfermedades infecciosas se propaguen más fácilmente y crean nuevas pandemias en el futuro. Esto requerirá una comprensión internacional de la transmisión de enfermedades y la gestión coordinada de los recursos para combatir la enfermedad.

Como tal, es necesario que los países y sus sistemas de salud organicen mejor sus esfuerzos. Eso incluye ideas sobre cómo lograr un manejo multinacional efectivo de la enfermedad. Las áreas de consideración, por ejemplo, incluyen esfuerzos globales para desarrollar y distribuir vacunas y tratamientos, la aceptación de proveedores necesarios con educación y capacitación extranjeras, campañas de prevención de enfermedades y el uso de las redes sociales de manera constructiva.

También pasamos algún tiempo revisando el bienestar a través de los cambios dietéticos que los inmigrantes pueden encontrar en nuevos países, la capacidad de los inmigrantes para organizarse y abogar por sí mismos en el acceso a la atención médica, cómo pueden usar la espiritualidad para fomentar la salud y temas relacionados. Si bien nuestra discusión no es exhaustiva, esperamos que proporcione ejemplos básicos que despierten el interés de los lectores por aprender más. Al igual que en nuestros otros libros, presentamos ejemplos de nuestro trabajo y experiencias personales que destacan algunos de los puntos que cubrimos.

Puede parecer que algunos de nuestros ejemplos, a primera vista, no tienen un gran impacto. Pero es importante reconocer que incluso pequeñas diferencias en las prácticas de atención médica entre países pueden sembrar confusión. Un ejemplo de ello es el caso de la vacuna Bacilos Calmette-Guerin (BCG), más

comúnmente utilizada fuera de los Estados Unidos para prevenir la tuberculosis. Esta puede causar una reacción positiva falsa
en una prueba cutánea de derivado proteico purificado (PPD)
para la TB.[13]

¿Quién es nuestra audiencia? Hay momentos en que nos
dirigimos directamente a los inmigrantes. En otros puntos,
nuestros comentarios están dirigidos más específicamente a los
trabajadores de la salud. Esto es intencional. Ambos necesitarán
entenderse, trabajar juntos y abogar conjuntamente por mejoras en la atención.

En resumen, los problemas de salud y bienestar presentan
desafíos para muchos que han dejado su país de origen. Esperamos que este libro anime a las personas a buscar la atención
medica que necesitan y se merecen. Irónicamente, el bienestar
como la enfermedad también puede ser contagioso. La buena
salud de nuestro prójimo aumenta la posibilidad de que nosotros
también estemos sanos.

Los lectores pueden encontrar los capítulos iniciales de este
volumen más técnicos. Necesitamos presentar cifras sobre el
alcance de los problemas que suelen enfrentar los inmigrantes.
A continuación, se presentan consejos prácticos tanto para los
inmigrantes como para quienes trabajan con ellos.

# RENUNCIA

El contenido presentado en este libro está destinado únicamente a la educación en salud pública y con fines de referencia. Refleja las opiniones, perspectivas y experiencias de los autores. Este libro no debe verse como un sustituto del consejo profesional dado por un médico u otros proveedores de atención médica con licencia. No debe usar esta información para auto diagnosticarse o intentar de tratar ninguna enfermedad u otra afección médica. Comuníquese con un proveedor de atención médica de inmediato si sospecha que tiene un problema médico.

Se han hecho esfuerzos para proporcionar información y declaraciones que sean precisas y consistentes con la investigación formal revisada por pares y otras fuentes creíbles. Estas se reconocen a lo largo del libro.

# 1

## CONDICIONES QUE LOS INMIGRANTES EXPERIMENTAN EN SU PAÍS DE ORIGEN Y DURANTE EL CAMINO A SU NUEVO PAÍS

Los inmigrantes provienen de orígenes y circunstancias muy diversas. Los medios de comunicación tienden a cubrir aquellos que se ven obligados a huir del peligro. Pero muchas personas también se mudan a un nuevo país porque son muy solicitadas. Aportan habilidades y experiencia avanzadas y son esencialmente *importados*. En los Estados Unidos hay visas especializadas (H-1B y O-1) para personas en una variedad de campos que tienen habilidades extraordinarias con educación comparable. Algunos de estos mecanismos no otorgan automáticamente la residencia permanente, pero sí permiten estadías prolongadas.[14]

Reconocemos que incluso las personas en tales posiciones tienden a experimentar estrés cuando enfrentan desafíos migratorios. Sus circunstancias se discuten en varios puntos de este libro. Pero los migrantes con menos medios económicos y aquellos que buscan escapar de diversos peligros tienden a enfrentar los mayores desafíos de salud. En consecuencia, gran parte de nuestro libro se dirige a tales grupos.

El Instituto de las Naciones Unidas para las Migraciones (OIM) informa que había 281 millones de migrantes internacionales en todo el mundo en el 2020. De estos, 89.4 millones fueron desplazados debido a la guerra, la persecución, otros actos de violencia y desastres.[15] ¿De dónde migran las personas? A menudo provienen de Asia Central y del Sur, América Latina y el Caribe, África del Norte y el Medio Oriente.[16]

Probablemente es sorprendentemente saber que, mientras que Europa y América del Norte reciben el mayor número de inmigrantes, estas regiones también son el origen de muchas personas que emigran a otros países como Canadá, así como América Central y del Sur.

Como señalamos anteriormente, las personas migran por varias razones. Estas incluyen mejores oportunidades de carrera, escapar de la guerra, la persecución y otros peligros, y cambios en las condiciones del país. Un ejemplo que podría decirse que ha recibido muy poca atención es el calentamiento global, a pesar de que se ha relacionado con las migraciones humanas, particularmente en los últimos dos siglos. El calentamiento global se refiere a los aumentos en las temperaturas de la superficie de la Tierra a lo largo del tiempo. Se ha relacionado tanto con eventos *"naturales"* (como erupciones volcánicas) como con actividades humanas. Las causas relacionadas con nuestra población humana incluyen 1) deforestación comercial, 2) emisiones de vehículos motorizados (dióxido de carbono y otras toxinas), 3) clorofluorocarbonos (productos químicos utilizados en aires acondicionados y refrigeradores que afectan la capa protectora de ozono de nuestro planeta), 4) desarrollo industrial general, 5) prácticas agrícolas que crean dióxido de carbono y gas metano, y 6) sobrepoblación general.[17]

En parte, se cree que el calentamiento global aumenta las inundaciones, los incendios, las sequías y las tormentas. También ha dado lugar al aumento del nivel del mar. Esto último ha causado que islas enteras del Pacífico desaparezcan bajo el agua o se vuelvan inhabitables (un ejemplo es la República de Kiribati). El cambio climático también ha causado hambruna y otros sufrimientos humanos. Además, el aumento de las temperaturas puede ayudar a la transmisión de enfermedades. Los mosquitos y las pulgas prosperan en temperaturas más altas, lo que aumenta las posibilidades de que las personas contraigan malaria y otras enfermedades.[18]

No es sorprendente que tales condiciones puedan llevar a las personas a buscar seguridad mudándose a otro lugar. Esto a veces se conoce como migración ambiental. Solo en el 2017, se estima que entre 22.5 y 24 millones de personas fueron desplazadas por eventos causados por el cambio climático.[19,20] Muchos de ellos provienen de América Latina, África subsahariana y el sudeste asiático.

Aunque de importancia crítica, vale la pena repetir que el cambio climático es solo una de las muchas dificultades que provocan las migraciones. Muchos de estos desafíos se pueden atribuir a las condiciones en el país. Este capítulo discute ejemplos específicos que ilustran el punto.

## IMPEDIMENTOS AL DESARROLLO

Los inmigrantes que huyen de condiciones violentas, empobrecidas u otras condiciones problemáticas en su hogar de origen a menudo han experimentado un saneamiento deficiente que fomenta enfermedades, falta de atención médica disponible y otras inestabilidades. Dado su momento crítico de crecimiento, los niños son especialmente propensos a dificultades que pueden durar toda la vida. La Organización Mundial de la Salud (OMS), por ejemplo, utiliza un término llamado *"retraso en el crecimiento"* y lo define como *"deterioro del crecimiento y desarrollo que experimentan los niños debido a una nutrición deficiente, infecciones repetidas y estimulación psicosocial inadecuada.*"[21] Algunos factores que provocan el *"retraso en el crecimiento"* son los siguientes:

Inseguridad alimentaria. No es de extrañar que los niños que están bien alimentados con una dieta equilibrada tengan más probabilidades de ser sanos, productivos y capaces de aprender. Por lo contrario, la falta de nutrición se ha asociado con un intelecto reducido, productividad baja, mayor vulnerabilidad a las enfermedades y una vida eventual de pobreza.

Mientras escribimos este libro, los titulares de las noticias se centran en una serie de lugares donde la inseguridad alimentaria es un problema significativo y potencialmente peor. Abordar Afganistán después de la toma del poder por los talibanes en el 2021, por ejemplo, un informe de UNICEF [22] señala que el país tiene una de las tasas de malnutrición más altas del mundo. Una de cada tres adolescentes es anémica y solo el 12 por ciento de los niños afganos de 6 a 24 meses reciben la variedad y cantidad de alimentos adecuadas que necesitan para su edad.

Con un 41%, Afganistán tiene una de las tasas más altas del mundo de retraso en el crecimiento infantil. La comida es escasa y a veces se ven obligados a tener una dieta baja en nutrición y alta en contaminantes. La pandemia de COVID-19 y la inestabilidad política han contribuido a estos problemas. El resultado es que los niños tienen un riesgo mayor de desarrollar diarrea, neumonía y otros problemas de salud.

Siria es otro país donde la inseguridad alimentaria es un problema importante y creciente. Además de la guerra civil de ese país, una crisis económica de 2019 en el vecino Líbano, combinada con la pandemia de COVID-19, una grave sequía que continúa mientras escribimos este libro, una escasez de combustible que reduce la capacidad de operar pozos y la disminución de la ayuda humanitaria han contribuido a la escasez de alimentos.[23] El Programa Mundial de Alimentos[24], por lo tanto, estima que casi el 60 % de la población de Siria padece actualmente de inseguridad alimentaria.[25]

Otros lugares con inseguridad alimentaria son los siguientes: Según el Índice Global del Hambre 2021, los países con mayor riesgo de malnutrición por región son África Occidental y del Norte (Yemen e Irak), África Occidental (Liberia y Sierra Leona), África Central y del Sur (República Centroafricana y Chad), África Oriental (Somalia y Madagascar), América del Sur (Venezuela), América Central y el Caribe (Haití y Guatemala) y el Sudeste Asiático (Timor-Leste y Afganistán). En Europa y Asia Central, Turkmenistán está en la lista. (Sin embargo, el índice de hambre de Turkmenistán no se considera problemático).[26]

No es sorprendente que exista cierta superposición entre la inseguridad alimentaria y los países de origen de los que la mayoría de los migrantes del mundo buscan escapar. Según World Vision,[27] estos incluyen Siria (6.8 millones de refugiados), Venezuela (5.4 millones de refugiados), Afganistán (2.8 millones de refugiados) y Somalia (800.000 refugiados), por nombrar algunos.

## OTRAS CONDICIONES PREVALENTES EN LOS PAÍSES DE ORIGEN

Uno de los temas de investigación ha sido la prevalencia de ciertas enfermedades entre los países en desarrollo. En tales entornos, la combinación de la pobreza, la desnutrición, una infraestructura débil (por ejemplo, eliminación deficiente de aguas residuales) y pocos servicios médicos a menudo conduce a una mayor gravedad y transmisión de diversas enfermedades infecciosas que las que se encuentran en otros lugares. Esto tiene un impacto particular en las poblaciones vulnerables, como los ancianos.

Las principales causas de muerte en los países en desarrollo antes de la pandemia de COVID-19 fueron las infecciones de las vías respiratorias no relacionadas con la COVID-19 y las enfermedades que causan diarrea, tuberculosis y malaria. En conjunto, estas enfermedades representaron más del 90% de las muertes entre los ancianos.[28] Discutimos varias enfermedades y condiciones con mayor detalle a continuación.

## Enfermedades infecciosas

**COVID-19**: No es sorprendente que la crisis sanitaria reciente más grave haya sido provocada por la pandemia del COVID-19. Mientras escribimos este libro, se había extendido a 228 países y ha causado casi 6.5 millones de muertes.[29] Estos números crecen a diario. Si bien se han desarrollado vacunas y tratamientos efectivos, continúan apareciendo nuevas variantes y algunas personas continúan desconfiando de las soluciones médicas. Esto desafía el progreso de la atención médica para controlar la enfermedad.

La pandemia ha requerido que varios grupos sociales, incluidos los inmigrantes, consideren cambiar las prácticas comunes. Por ejemplo, en los Estados Unidos más inmigrantes viven en hogares multigeneracionales que en la población en general.[30] En tales hogares, los miembros de la familia de tres o más generaciones viven juntos. En la mayoría de las condiciones, los hogares multigeneracionales pueden ser útiles. Tienen el potencial de fortalecer los lazos familiares, facilitar el cuidado de los niños y los ancianos, y ayudar a ahorrar dinero.[31] Los estudios también han encontrado que, entre los grupos de inmigrantes antillanos y latinoamericanos, los hogares multigeneracionales ayudan a aumentar la propiedad de vivienda y el apoyo emocional entre los miembros de la familia.[32] Sin embargo, esta práctica ha creado problemas durante la pandemia de COVID-19. El contacto constante y estrecho entre los miembros de la familia aumenta el riesgo de transmisión de enfermedades.[33] Por lo tanto, los hogares con la pandemia de COVID-19 se han enfrentado a nuevos desafíos de salud que requieren que se adapten.

Además, COVID-19 ha puesto de relieve que una pandemia afecta a la economía mundial, así como a los sistemas de salud y a las personas. Ha interrumpido la fabricación, las líneas de suministro y muchas otras empresas. Las empresas de servicios, como restaurantes y gimnasios, han tenido que adaptarse a las restricciones que limitan la propagación de COVID-19 o dejan de operar por completo. El Fondo Monetario Internacional [34] ha estimado que el producto interno bruto (PIB) mundial global cayó un 3.9% solo de 2019 al 2020. Los inmigrantes se han visto afectados por el COVID-19 de varias maneras. Algunos inmigrantes de grupos étnicos/raciales africanos y latinoamericanos han tenido mayores tasas de infección que la población general. En parte, esto es probablemente causado por el tipo de trabajo que a menudo realizan. Como veremos más adelante, tales tendencias pueden ser fomentadas por su participación frecuente en ocupaciones de servicios que han sido designadas como esenciales e implican un mayor contacto público.[35] Es notable que dicho contacto incluya el trabajo en ocupaciones de atención médica de servicio directo. En otras palabras, los inmigrantes a menudo corren un mayor riesgo de contraer COVID-19, pero también contribuyen a la batalla de la sociedad contra la misma enfermedad.

Las interacciones entre las enfermedades infecciosas y la migración no son nada nuevo. A veces, incluso las enfermedades que creemos que han sido derrotadas por medicamentos y otros tratamientos de repente regresan. Los ejemplos incluyen la tuberculosis, leishmaniasis (una infección parasitaria transmitida por flebótomos) y helmintiasis (una infección por gusanos). Aquí hay un ejemplo.

**Tuberculosis**: Según los datos de 2020 de la Organización Mundial de la Salud, la tuberculosis (TB) es la 13ª causa general de muerte y la segunda causa infecciosa más importante después de COVID-19. Esta infección bacteriana ataca principalmente los pulmones, pero puede propagarse a otras partes del cuerpo. En el pasado, también se llamaba consumo. Sin el tratamiento adecuado, hasta dos tercios de las personas con TB mueren.[36]

Una vez que se pensó que estaba casi completamente erradicada con medicamentos (antibióticos), la tuberculosis regresó en las décadas de 1980 y 1990.[37,38] Desafortunadamente, la tuberculosis sigue siendo un problema importante. En todo el mundo, aproximadamente 1.6 millones de personas murieron a causa de la enfermedad en el 2021.[36]

Históricamente, la tuberculosis ha sido motivo de preocupación a lo largo de algunas fronteras internacionales. Un artículo general de 2018 exploró la inmigración y la tuberculosis en los Estados Unidos. Concluyó que, en general, las tasas de tuberculosis son más altas entre las personas que no nacieron en los Estados Unidos. Un análisis más detallado a lo largo del tiempo muestra que las tasas están disminuyendo entre las personas que han inmigrado a los Estados Unidos desde México, Corea del Sur, Ecuador y Perú. Las tasas entre los de Filipinas, India, Etiopía y Honduras se han mantenido prácticamente sin cambios. Las tasas entre los originarios de China han aumentado ligeramente.[39] Por lo tanto, es importante comprender y centrarse en las tendencias en la transmisión de enfermedades a lo largo del tiempo. No debemos temer a una población por importar presuntos riesgos para la salud. Necesitamos entender que la atención médica y los gobiernos pueden tomar medidas para mitigar la enfermedad.

Otros grupos en riesgo de tuberculosis incluyen a los trabajadores migrantes agrícolas. Pero este grupo tiene tasas más altas de TB latente (ya no infecciosa).[40] En nuestra propia investigación, hemos encontrado factores culturales que influyen en la decisión de los mexicoamericanos de buscar servicios médicos de prevención de la tuberculosis. Cubriremos nuestros hallazgos en una sección posterior de este libro.

Un estudio de 2020 que abordó el impacto de la inmigración en la tuberculosis en los países de la Unión Europea (UE) mostró resultados mixtos. No encontró una conexión general entre la inmigración y las tasas más altas de tuberculosis. De hecho, algunos países con más inmigrantes en realidad tenían menos casos de la tuberculosis. Pero esta tendencia no es universal. Contrariamente a los hallazgos generales, Italia, Alemania y Noruega han mostrado más incidentes de TB relacionados con la inmigración.[41] La razón de esta observación es incierta. Pero probablemente esté relacionado con el número de inmigrantes que provienen de países con altas tasas de infección de la TB.

Es notable que algunos países no permitan que los migrantes con ciertas enfermedades ingresen al país. Las personas que buscan ingresar a los Estados Unidos, por ejemplo, se someten a una evaluación médica. Las personas con enfermedades infecciosas, incluida la tuberculosis activa no tratada, la sífilis, la gonorrea y la enfermedad de Hansen, no pueden ingresar. Pero aquellos que han completado con éxito el tratamiento de la TB en otro país, aquellos que tienen síntomas similares a la TB, pero para los cuales se ha descartado una infección de TB actual, y aquellos que tienen una infección de TB latente aún pueden ser permitidos para entrar. Puede ser necesario un seguimiento médico en estos casos.[42] Además, los Estados Unidos impusieron restricciones al proceso de inmigración en respuesta a la pandemia de COVID-19.[43] Se ha utilizado una política estadounidense (llamada autoridad del Título 42) para rechazar a los migrantes, incluidos los solicitantes de asilo en la frontera entre Estados Unidos y México, bajo el supuesto de que podrían empeorar la pandemia de COVID-19.[43]

## Trauma

Muchos refugiados han experimentado traumas físicos y emocionales, tanto en su país de origen como durante la migración. Los incidentes traumáticos a menudo son causados por la guerra, la tortura, el asalto (incluido el asalto sexual) y los accidentes durante viajes difíciles. Un estudio realizado en un departamento de emergencias turco, por ejemplo, encontró que los refugiados sirios presentaron incidentes mucho mayores de lesiones en la cabeza, fracturas, lesiones en la piel y quemaduras que la población nativa.[44] La investigación realizada en el Líbano también encontró que las lesiones fueron sufridas con mayor frecuencia por niños y adultos más jóvenes (hasta 45 años) e incluyeron apuñalamientos, disparos y conmociones cerebrales.[45] En nuestra propia experiencia clínica con refugiados de África Oriental, haber sido golpeados en la cabeza con la culata de un rifle AK-47 durante una invasión a su hogar por asaltantes es descrito rutinariamente por nuestros pacientes.

La agresión sexual es otra tendencia horrenda que, en algunos casos, se ha convertido en un arma de guerra y terror. En Ucrania, las tropas invasoras rusas, por ejemplo, han sido acusadas de violar tanto a niños de tan solo un año, como a hombres y mujeres de 70 años o más. Se han citado incidentes de violación en grupo y circunstancias en las que los seres queridos se ven obligados a presenciar actos sexualmente violentos contra una pareja o un niño. Se informa además de que un niño de un año murió como resultado de tal asalto.[46,47]

Notas del Consejo de Seguridad de la ONU también informan que las organizaciones criminales se están aprovechando de las inestabilidades sociales durante la guerra para llevar a cabo operaciones de trata de personas que incluyen a niños.[48] Las mujeres que creen que están respondiendo a ofertas de empleo legítimas son finalmente forzadas al comercio sexual.

La explotación de las mujeres vulnerables no es nueva. Históricamente, las mujeres y las niñas han sido presionadas a la esclavitud sexual por grupos terroristas como Boko Harán en Nigeria y el Estado Islámico (ISIS) en Siria y otros lugares.[49]

Aparte del terror psicológico que esto causa, algunas personas, especialmente los niños pequeños, quedan con lesiones físicas. La fisiología infantil simplemente no está lo suficientemente desarrollada como para tolerar las relaciones sexuales. Además, algunas personas son heridas intencionalmente como técnica de intimidación durante las agresiones sexuales. Las consecuencias se denominan con frecuencia lesiones anogenitales (AGI) y pueden requerir cirugía.[50]

Algunas enfermedades médicas pueden considerarse como un subproducto de la guerra. Por ejemplo, los refugiados de Siria han mostrado tasas más altas de enfermedades respiratorias. Se cree que esto es causado por productos químicos y polvo arrojado por ataques militares.[51]

Además, un país en guerra en su propio territorio a menudo pierde la infraestructura necesaria para tratar enfermedades y lesiones. Informan que en algunas ciudades sirias los niños y jóvenes a menudo no han recibido atención preventiva (como vacunas), lo que los hace vulnerables a enfermedades como el sarampión y la poliomielitis.[51] Como en el caso de Afganistán citado anteriormente, los problemas de salud se ven agravados por la escasez de alimentos, la desnutrición y la falta de viviendas seguras. Una vez más, esto hace que tanto los niños como los adultos sean más vulnerables a la enfermedad y la muerte.

Mientras escribimos este libro, la invasión rusa de Ucrania continúa. La Organización Mundial de la Salud (OMS) informa que esto ha degradado gravemente la infraestructura de salud de Ucrania, mientras que la necesidad de ayuda médica para los heridos militares y civiles ha aumentado dramáticamente.

El Dr. Hans Henri Kluge, director regional de la OMS para Europa, ha dicho además que hubo 260 ataques directos verificados contra la atención médica en Ucrania durante los primeros 100 días de la guerra.[52] Un patrón similar se observó durante la guerra civil de Siria. En 2017, el Centro Soufan estimó que, en ese momento, las fuerzas del gobierno sirio habían matado a casi 700 miembros del personal médico en todo el país.[53] Se creía que algunos proveedores y hospitales estaban específicamente seleccionados, probablemente con la intención desmoralizar y subyugar a la población local.

## OTROS FACTORES DE SALUD

La salud oral a menudo se pasa por alto en las discusiones sobre los inmigrantes. Sin embargo, en promedio, se sabe que la salud bucal de los migrantes es peor que la de la población nativa de un país.[54] Los problemas incluyen caries dentales, pérdida de dientes e infecciones.

Esta tendencia puede ser cierta porque las personas sienten que otros problemas médicos requieren atención más inmediata y el acceso a los dentistas está restringido por recursos financieros (por ejemplo, sin seguro dental), así como por la disponibilidad limitada de proveedores.[55] Pero a largo plazo, la enfermedad dental puede provocar la pérdida de dientes y huesos. Las infecciones por caries dental también pueden propagarse a través del torrente sanguíneo. Las infecciones dentales graves pueden moverse más allá de la mandíbula y hacia el cuello y otras áreas. En casos extremos, las infecciones pueden crear coágulos de sangre en espacios huecos debajo del cerebro y detrás de cada cuenca del ojo (trombosis del seno cavernoso) y tener otras consecuencias importantes e incluso pueden ser potencialmente mortales.[56] Entonces, aunque no lo parezca, mantener la salud oral es importante.

## RIESGOS DURANTE LA MIGRACIÓN

Para los migrantes con pocos medios económicos, el viaje a un nuevo país puede implicar una multiplicidad de peligros. Los riesgos para la salud incluyen la exposición a enfermedades, accidentes, exacerbación de problemas de salud existentes en el proceso de viajar y ser víctima de violencia, incluida la agresión sexual.

Al abordar la información de Europa, la Organización Mundial de la Salud identificó lesiones accidentales, hipotermia, enfermedades gastrointestinales, quemaduras, eventos cardiovasculares, diabetes e hipertensión como algunos de los problemas más frecuentes entre los inmigrantes y refugiados recién llegados.[57] La falta de higiene durante el viaje también puede provocar infecciones de la piel y parásitos. Las mujeres a menudo enfrentan problemas relacionados con el embarazo y el parto, así como la exposición a la violencia. Aquí hay algunos peligros específicos.

## Peligros

Las experiencias traumáticas no solo ocurren en el país de origen de un migrante. También se adquieren en el proceso de viajar donde los accidentes son otra ocurrencia demasiado frecuente. El Alto Comisionado de las Naciones Unidas para los Refugiados, por ejemplo, ha informado de que se cree que 3,100 refugiados que cruzan el mar Mediterráneo han muerto o desaparecido sólo en los primeros 10 meses del 2015.[58] Otros 938 se creyeron muertos o desaparecidos durante el primer semestre de 2022.[59]

Los migrantes que viajan desde Centroamérica y del Sur a la frontera entre Estados Unidos y México también enfrentan una multitud de peligros.

Por ejemplo, muchos caminan a través del Tapón del Darién, un tramo de aproximadamente 60 millas de densa selva tropical entre Colombia y Panamá. Esta caminata es sin carreteras e incluye montañas y pantanos traicioneros. Se cree que es una de las rutas migratorias más peligrosas del mundo. Muchos migrantes que buscaban ingresar a los EE. UU. Muchos viajan a través de México en la parte superior de un tren de carga coloquialmente llamado *La Bestia* o *El tren de la muerte*. Estos apodos son bien merecidos. Los peligros incluyen accidentes cuando las personas saltan dentro y fuera del tren en movimiento. Además, los migrantes a veces se quedan dormidos, son sacudidos debido al movimiento del tren, aterrizan en las vías y mueren.[60] Dado que estos accidentes a menudo ocurren por la noche y en áreas rurales cuando las personas están durmiendo, otros no saben inmediatamente que algo ha sucedido. Además, los migrantes que viajan en este tren tienden a ser víctimas de violencia, robos y secuestros.[61,62]

Los peligros pueden continuar una vez que los inmigrantes llegan al país al que buscan ingresar. Por ejemplo, el 27 de junio de 2022, sesenta y cuatro migrantes fueron encontrados en un camión abandonado en San Antonio, Texas. Finalmente, 53 de ellos murieron, muy probablemente debido a la deshidratación y el calor. Este incidente ha sido descrito como el caso de tráfico de personas más mortífero en la historia moderna de Estados Unidos. Los fallecidos habían venido de México, Guatemala y Honduras. Tenían edades comprendidas entre 13 y 55 años.[63]

En abril de 2021, un informe de la estación de televisión Houston Texas también describió un incidente en el que la policía investigó un presunto secuestro. Resultó ser una operación de tráfico de personas. Noventa personas fueron encontradas acurrucadas dentro de una residencia. De estos, cinco personas dieron positivo por COVID-19. La policía comenzó a administrar pruebas rápidas cuando otros dijeron que no podían oler ni saborear nada (un síntoma distintivo del virus).[64]

## 2

# RIESGOS Y OTRAS CIRCUNSTANCIAS QUE ENFRENTAN LOS INMIGRANTES EN SU DESTINO

Los inmigrantes, al igual que sus homólogos nativos, son rutinariamente susceptibles a diversas enfermedades, a menudo desarrollando las mismas enfermedades que la población nativa. Algunos investigadores incluso han observado que las enfermedades cardíacas y el cáncer ocurren con menos frecuencia entre los inmigrantes que en la población más amplia de un país.[65] Pero ciertas circunstancias pueden tener un impacto más específico en la salud y la seguridad. Uno de esos ámbitos es en el lugar de trabajo.

**Lesiones industriales**: Los trabajadores de origen inmigrante en Alemania a menudo están expuestos a más estrés físico y condiciones difíciles que sus homólogos nativos.[66] Lo mismo es cierto en otros países incluyendo Italia, Estados Unidos y Canadá. Los inmigrantes recién llegados tienen más probabilidades de trabajar en trabajos peligrosos y, por lo tanto, es más probable que se lesionen. Esto incluye la exposición al calor, pesticidas, productos químicos potencialmente dañinos y otros peligros que pueden causar accidentes industriales.[67,68]

Un ejemplo reciente que atrajo la atención de los medios involucró los peligros que experimentaron los trabajadores inmigrantes como lugares preparados para los eventos de la Copa Mundial 2022 de Qatar. Esto incluyó la construcción de estadios, así como infraestructura como nuevas carreteras, hoteles, un nuevo sistema de transporte público y una expansión del aeropuerto. Para completar los proyectos, Qatar contrató a muchos trabajadores extranjeros, la mayoría de las veces de Nepal, Bangladesh, India, Pakistán y Sri Lanka.

Estos trabajadores pasaron exámenes de salud antes de obtener una visa de Qatar. Por lo tanto, la mala salud inicial no fue un problema. Pero luego un número sustancial de trabajadores murieron en el transcurso de su empleo. Las cifras específicas son difíciles de determinar, pero se estimaron en alrededor de 6,500 por *El Guardián*.[69] *Deutsche Welle* (DW)[70] observa que esta estimación es demasiado elevada. Pero funcionarios qataríes han reconocido que murieron entre 400 y 500 trabajadores relacionados con proyectos de la Copa del Mundo.[71] Además, otros fallecieron por afecciones como la insuficiencia renal después de regresar a su país de origen. Esto se ha relacionado con condiciones como el clima cálido y la mala agua potable que las personas experimentaron en Qatar.[72]

¿Quién es generalmente más susceptible a una lesión industrial? Un estudio de España mostró que los inmigrantes del norte de África estaban particularmente a riesgo. Las mujeres trabajadoras del norte de África sufrieron la mayoría de las quemaduras por accidentes industriales. Los hombres de América Latina, el Caribe, África y Europa del Este con mayor frecuencia sufrieron lesiones por objetos extraños (por ejemplo, ser golpeados por un objeto, recibir algo en el ojo o por consumir cosas por accidente).[73] No es sorprendente que la investigación haya encontrado que los inmigrantes en trabajos de alto riesgo tienen más probabilidades de desarrollar dolor crónico que la población general.[74]

### Comentario de Joachim Reimann

En mi práctica clínica, realizo evaluaciones rutinarias con personas que han tenido lesiones industriales y, por lo tanto, están involucradas en el Sistema de Compensación para Trabajadores de California. La mayoría de estas personas tienen dificultades psicológicas debido a un accidente físico en el trabajo. Durante los años 2021 y 2022 vi 22 clientes con tales condiciones. De ellos, 15 tenían apellidos hispanos. La mayoría nacieron en México y cinco no hablaban inglés. Dos de los clientes restantes eran del sudeste asiático.

Si bien esta no es una muestra científica, sí ilustra la frecuencia con la que los inmigrantes se ven perjudicados durante el curso del empleo en comparación con otras poblaciones. Además, negociar el Sistema de Compensación para Trabajadores puede ser complejo. Esto puede dificultar que los trabajadores lesionados, especialmente aquellos que no hablan inglés, obtengan los servicios adecuados que necesitan. Un retraso en el servicio tiende a aumentar la probabilidad de que las condiciones se vuelvan crónicas y requieran un tratamiento más intensivo. En resumen, el proceso puede aumentar tanto el sufrimiento humano como los costos monetarios finales.

**Diabetes**: Las diferencias en los hábitos alimenticios también pueden alterar el estado de salud de los inmigrantes. Por ejemplo, las personas con antecedentes africanos, latinoamericanos, de las islas del Pacífico y asiáticos son especialmente susceptibles a desarrollar diabetes tipo 2.[75] ¿Por qué podría ser cierto esto?

Las personas con sobrepeso, mayores o que tienen un familiar inmediato con diabetes tipo 2 son particularmente susceptibles a contraer la enfermedad. Una idea de por qué algunos grupos étnicos están a tal riesgo se conoce como la hipótesis del *"genotipo ahorrativo."*[76] La suposición establece que ciertos grupos pueden tener genes que ayudan a aumentar el almacenamiento de grasa de el cuerpo. En entornos donde el acceso a dietas nutritivas es limitado, esto tendría ventajas. Permitiría a las personas almacenar grasa de manera efectiva cuando los alimentos están más disponibles para que puedan confiar en esa grasa en tiempos de hambruna. El proceso sería particularmente útil para las mujeres en edad fértil.

Pero cuando los inmigrantes de estos entornos llegan a nuevos países en los que los alimentos son consistentemente abundantes y más procesados, el genotipo ahorrativo puede crear problemas. Esencialmente el cuerpo se prepara para una hambruna que nunca llega. Se cree que esto fomenta la obesidad crónica y los problemas de salud relacionados, como la diabetes.

La hipótesis del genotipo ahorrativo ha sido criticada por varias razones. Existe, por ejemplo, la preocupación de que minimiza nuestra capacidad de asumir la responsabilidad de nuestra propia salud al tomar buenas decisiones dietéticas.[77] A nuestro juicio, no se trata de una cuestión de *"una u otra"*. La genética, nuestras acciones en torno a los alimentos y nuestros niveles de actividad física afectan nuestra salud.

Específicamente, hay evidencia de que comer alimentos saludables y hacer ejercicio funciona. El Programa de Prevención de la Diabetes (DPP), un estudio grande e importante, encontró que los cambios en el estilo de vida disminuyeron el número de personas que desarrollaron diabetes tipo 2 en un 58%.[78] Este hallazgo significa que incluso las personas con factores genéticos que los hacen más susceptibles a ciertas enfermedades también tienen la capacidad de reducir significativamente ese riesgo al tomar decisiones saludables.

En general, las notables tasas de diabetes tipo 2 entre los inmigrantes probablemente estén impulsadas por una serie de circunstancias. Además del genotipo ahorrativo, los inmigrantes a veces aumentan de peso debido al estrés que se convierte en un hábito de calmar la ansiedad con la comida.

## DIFERENCIAS INTERNACIONALES EN EL CONSUMO DE TABACO

Otro tema es el consumo de tabaco. El tabaquismo y el consumo de tabaco relacionado son problemas de salud importantes. La Organización Mundial de la Salud informa de que los productos del tabaco, directa e indirectamente, matan a más de 8 millones de personas al año en todo el mundo.[79] Esto incluye aproximadamente 1.2 millones de muertes relacionadas con el humo ajeno.[80]

El consumo de tabaco involucra diferentes productos, incluidos cigarrillos, cigarros, tabaco de mascar (salsa, rapé), tabaco soluble, shisha (que combina tabaco y productos de frutas o verduras que se fuman con un narguile) y tabaco de pipa. Como se analiza con más detalle a continuación, es probable que los inmigrantes encuentren patrones de consumo de tabaco desconocidos en sus países de adopción, ya que dichos patrones varían y cambian con el tiempo.

**Cambio de los patrones de consumo de tabaco:** Hay momentos en que un producto de tabaco específico se vuelve especialmente popular. Por ejemplo, la disminución de 25 años en Estados Unidos en el consumo de cigarros se revirtió repentinamente en 1991. Un número creciente de eventos sociales, sitios de Internet y bares celebraban cigarros. Las modelos de moda fumando puros aparecieron en las portadas de las revistas. Nuestra propia investigación en ese momento mostró que los latinos estaban entre los grupos con altas tasas de tabaquismo.[81] Los fumadores vieron los cigarros como una alternativa segura a los cigarrillos porque no inhalaron el humo.[82] Esta percepción no es exacta. El consumo de cigarros está asociado con el cáncer de laringe y otros riesgos para la salud. Según un informe de la Iniciativa para la Verdad de 2020[83] el consumo de puros en los Estados Unidos no ha disminuido, de hecho, ha aumentado entre los jóvenes y, por lo tanto, sigue planteando riesgos sustanciales para la salud.

La búsqueda de una forma segura de fumar continúa, más recientemente con el advenimiento de los cigarrillos electrónicos (E-cigarrillos). Estos son dispositivos alimentados por baterías, a menudo con forma de cigarrillo, que proporcionan nicotina al usuario. Si bien los cigarrillos electrónicos no incluyen tabaco, el vapor que producen contiene toxinas conocidas que pueden causar problemas respiratorios y otros riesgos para la salud.[84]

**Normas sociales y consumo de tabaco:** Algunos productos que las personas fuman están asociados con países y culturas específicas. Por ejemplo, los kreteks (también conocidos como cigarrillos de clavo de olor) provienen de Indonesia. Se cree que las pipas de narguile (agua) se desarrollaron en la India y se hicieron especialmente populares en el Medio Oriente.

El consumo de tabaco puede variar ampliamente de una nación a otra. World Population Review. Las estadísticas de 2022 citan a Nauru (52.10%), Kiribati (52.00%), Tuvalu (48.70%), Myanmar (45.50%), Chile (44.70%), Líbano (42.60%), Serbia (40.60%),

Bangladesh (39.10%), Grecia (39.10%) y Bulgaria (38.90%) en los diez países con las tasas más altas de tabaquismo.[85]

Las tasas de tabaquismo dentro de los países miembros de la UE varían mucho, desde el máximo citado anteriormente en Grecia hasta un mínimo del 7% en Suecia.[86] Las tasas de tabaquismo en los Estados Unidos para el año 2020 se estimaron en 12.5%.[87]

¿Cómo se relacionan esos números con los inmigrantes? La investigación ha demostrado que la cultura influye en el consumo de tabaco de varias maneras. Un estudio estadounidense, por ejemplo, encontró que los inmigrantes de naciones árabes que continuaron siguiendo las normas de su país de origen tenían más probabilidades de fumar cigarrillos o pipas de narguile que otros en sus comunidades.[88] Por lo contrario, la investigación de Australia mostró que las personas que habían emigrado allí desde países de habla no inglesa tenían menos probabilidades de fumar que la población local. Pero aquellos que habían llegado como niños o adolescentes tenían más probabilidades de fumar que los australianos nativos después de haber estado en el país durante 20 años o más.[89] En resumen, los patrones de tabaquismo dependen de una variedad de costumbres en los países de origen de los inmigrantes y las circunstancias en las que viven ahora.

### Ejemplo, el padre de Joachim

Dado que fumar está relacionado con una multitud de problemas de salud, continuar con el hábito nunca es una buena idea. Para algunas personas les resulta fácil dejar de fumar. Cuando mi padre (Joachim) emigró de Alemania a los Estados Unidos, estaba ligeramente molesto porque su marca habitual de cigarrillo (HB) no estaba disponible localmente. Entonces, simplemente dejó de fumar. Pero sospechamos que dejar de fumar es más difícil que eso para la mayoría de los fumadores habituales. Es posible que necesiten terapia de reemplazo de nicotina (como parches), apoyo social y otros métodos para ayudarlos a lograr ese objetivo. La buena noticia es que dejar el tabaco se ha relacionado con la reducción de los riesgos de desarrollar varios tipos de cáncer, enfermedades cardíacas, accidentes cerebrovasculares y otros problemas médicos.[90]

Las preguntas que los inmigrantes pueden hacerse sobre el consumo de tabaco incluyen:

1. Si el consumo de tabaco es más aceptado en mi nuevo país, ¿tendré la tentación de comenzar (o continuar) dicho uso, incluso si conozco los riesgos para la salud?

2. ¿Es el traslado a un país de adopción un buen momento para dejar de consumir tabaco, ya que estoy comenzando una especie de «nueva vida" allí?

3. Si quiero dejar de consumir tabaco, ¿qué apoyos para ayudarme a hacerlo, están disponibles en mi nuevo país?

## 3

# INTERSECCIONES ENTRE LA ENFERMEDAD FÍSICA Y LA SALUD MENTAL

**M**uchas sociedades occidentales todavía tienden a pensar que la salud mental y la salud física involucran dos ámbitos diferentes. Esto puede haberse desarrollado a partir de una filosofía llamada dualismo mente-cuerpo, a menudo asociada con el filósofo francés René Descartes. Esencialmente, este punto de vista dice que la mente y el cuerpo son distintos y separados.[91] El concepto se encuentra en muchas religiones occidentales, incluido el cristianismo. La creencia sostiene que existe una diferenciación entre el cuerpo y el alma.[92] En términos de atención médica, las tradiciones religiosas occidentales a menudo ven la enfermedad física en el ámbito de la medicina y la enfermedad espiritual o psíquica (y por lo tanto psicológica) como parte de su competencia. Mientras que las autoridades religiosas están en el proceso de repensar este concepto[93], el dualismo mente-cuerpo ha tenido, y sigue teniendo, una influencia sustancial en cómo se estructuran los sistemas de salud.

En contraste, la filosofía compartida por muchas tradiciones orientales (como el budismo y el taoísmo) ve al cuerpo y la psique de una manera más holística y totalmente integrada.[94] Por lo tanto, los inmigrantes que vienen de tales lugares podrían sorprenderse con la medicina occidental y dudar de que sea efectiva.

Algunas tendencias muestran que la medicina está cambiando en el Occidente. La Organización Mundial de la Salud ha reconocido la necesidad de un enfoque holístico. Específicamente, define la salud como *"un estado de bienestar físico, mental y social completo y no simplemente la ausencia de enfermedades o dolencias"*. La OMS agrega que *"no hay salud sin salud mental."*[95]

En resumen, la salud mental y física están fundamentalmente conectadas. Aquí hay tres ejemplos específicos que son relevantes para los inmigrantes.

**Lesiones físicas y dolor:** Como hemos dicho anteriormente, algunos inmigrantes experimentan traumas físicos en su hogar de origen (por ejemplo, a través de la guerra, la violencia criminal), en sus viajes (por ejemplo, a través de la explotación violenta y los accidentes) y en su país de adopción debido a las víctimas de crímenes de odio. Debido a que es más probable que trabajen en trabajos físicamente exigentes, los inmigrantes también tienen más probabilidades de lesionarse en el trabajo.[68,96,97] Estas circunstancias pueden provocar dolor crónico.

El dolor es un tema complejo. En la actualidad, ninguna medida física directa puede confirmar la existencia y la gravedad de las experiencias de dolor de un individuo. Sin embargo, como todos los seres humanos probablemente saben, el dolor es una sensación muy real y desagradable. Hay varios tipos de dolor. Uno se llama *"nociceptivo"*. Esto generalmente implica daño tisular por moretones, quemaduras u otras lesiones en una parte del cuerpo.[98] Un segundo tipo de dolor se llama *"neuropático"*.[99] Esto es causado por problemas con el sistema nervioso humano debido a una lesión o enfermedad. Finalmente, algunas causas del dolor siguen siendo desconocidas. Por ejemplo, cómo se desarrollan afecciones como el síndrome del intestino irritable, la fibromialgia y los dolores de cabeza crónicos aún no se comprende claramente.

El dolor se puede dividir en dos categorías generales: agudo y crónico. El dolor agudo generalmente se experimenta como consecuencia de una lesión o enfermedad específica. Algunos ejemplos son distensiones musculares, fracturas óseas y cálculos renales. El dolor agudo tiende a ser un problema a corto plazo que desaparece después de que se corrige la lesión subyacente. En contraste, el dolor se vuelve crónico cuando dura tres meses o más.

En algunos casos, el dolor cumple una función importante. Puede alertarnos sobre las lesiones físicas existentes, incluidas aquellas que pueden empeorar si no las atendemos. Pero en algunos casos, cuando el dolor se vuelve crónico, no aporta ningún beneficio práctico a nuestra supervivencia. En otras palabras, tal dolor no cumple ninguna función útil en nuestra recuperación física. Esto es particularmente cierto en el caso del dolor neuropático.[100]

Probablemente no sea una sorpresa que el dolor no resuelto pueda hacer que las personas se sientan frustradas, ansiosas y deprimidas. La combinación de dolor y dificultades emocionales tiende a empeorar ambas condiciones, haciéndolas más difíciles de tratar.[101,102,103]

Además, un estudio canadiense centrado en inmigrantes mostró que los trastornos del estado de ánimo y la ansiedad estaban significativamente relacionados con una mayor probabilidad de lesiones, particularmente las causadas por caídas.[104] En resumen, las personas con dolor crónico corren el riesgo de tener una mala salud mental y las personas con mala salud mental tienen un mayor riesgo de lesiones físicas.

**Enfermedades crónicas:** Las enfermedades crónicas y los trastornos emocionales también pueden estar vinculados. Como se describió anteriormente, algunos grupos de inmigrantes tienen un riesgo particular de desarrollar diabetes tipo 2. Esta enfermedad es frustrante porque requiere esfuerzos continuos e intensivos para controlarla. Las personas tienen que seguir dietas específicas, tener rutinas de ejercicio, controlar sus niveles de azúcar en la sangre y usar otros métodos para evitar problemas médicos graves. Dado el costo emocional que esto conlleva, se ha relacionado con la depresión. Esto es cierto tanto para la población en general como para los inmigrantes.[105] Además, el estrés psicológico se ha relacionado con los riesgos físicos para desarrollar diabetes tipo 2.[106] En otras palabras, puede haber un ciclo desafortunado en el que la frustración y la tristeza por tener diabetes conducen a reacciones físicas que empeoran la diabetes.

En respuesta a este problema, varios sistemas de atención de la diabetes han incluido un énfasis en el bienestar emocional y el empoderamiento personal en sus enfoques para el cuidado de la diabetes. La investigación muestra que estos esfuerzos pueden dar resultados positivos.[107,108]

**Trastornos autoinmunes:** Estas son enfermedades que hacen que el sistema inmunológico del cuerpo destruya por error el tejido corporal sano. Las enfermedades específicas incluyen aquellas que causan problemas para nuestras articulaciones y músculos, órganos, digestión, tejidos e inflamación crónica. Los investigadores han encontrado que el estrés crónico es un elemento que aumenta la posibilidad de desarrollar tal trastorno.[109]

El estrés debe ser desencadenado por situaciones peligrosas en las que nuestro cuerpo libera una hormona llamada adrenalina para aumentar nuestra presión arterial, respiración y pulso.

Históricamente, esto ha servido bien a los humanos. Si estaban bajo amenaza de ataque por un depredador o enfrentaban otras circunstancias potencialmente mortales, el cuerpo se ajustaba para aumentar las posibilidades de supervivencia. Estas tienden a ser situaciones temporales en las que nuestro cuerpo se calma una vez que estamos a salvo. Pero experimentar estrés continuo en el que el cuerpo libera adrenalina durante un período de tiempo más largo puede provocar inflamación continua y otros problemas de salud. Por ejemplo, el estrés crónico puede crear un proceso físico que conduce a la diabetes tipo 2.[106] Además, la investigación ha encontrado que el estrés, incluido el trastorno de estrés postraumático (TEPT), está relacionado con el desarrollo de trastornos autoinmunes.[110]

La investigación sobre las conexiones entre el estrés crónico y los trastornos autoinmunes entre los inmigrantes es limitada. Tales vínculos tienden a variar según las circunstancias individuales de los migrantes, incluidas las condiciones en el país de origen.[111] Pero los estudios muestran vínculos claros entre el trastorno de estrés postraumático (TEPT) y tales trastornos autoinmunes.[112] Dadas las tasas relativamente altas de TEPT entre algunos grupos de inmigrantes, como los refugiados[113] tiene sentido sospechar que también experimentan problemas autoinmunes. Además, los niños de origen africano y latinoamericanos con padres nacidos en el extranjero tienen riesgos especialmente altos de inflamación de bajo grado, pero persistente.[114] Eso, a su vez, los pone en riesgo de desarrollar problemas de autoinmunidad.

**Otros ejemplos:** Hay muchas otras circunstancias en las que los problemas mentales y físicos interactúan entre sí. Los problemas frecuentes para dormir (insomnio) pueden, por ejemplo, contribuir al riesgo de desarrollar enfermedades cardíacas, diabetes y presión arterial alta. El insomnio también puede conducir a aumentos en el riesgo de desarrollar o empeorar la enfermedad de Alzheimer, otros tipos de demencia, así como trastornos del estado de ánimo como depresión, trastorno de estrés postraumático y ansiedad general.

Dadas las conexiones entre la salud emocional y física, la ironía de que hayamos escrito dos libros separados, uno sobre salud psicológica y otro sobre salud física no se nos escapa. Pero los inmigrantes que llegan a un nuevo país aún pueden necesitar comprender y negociar entornos de atención médica que a menudo tienen sistemas separados para proveedores mentales y físicos y cobertura de seguro. A veces, los servicios de salud mental y física también se encuentran en diferentes lugares. En la literatura científica se siguen haciendo llamamientos para plenamente integrar más la salud mental y física.[115]

**4**

# EXPERIENCIAS Y EXPECTATIVAS DE LOS PACIENTES

Cuando los inmigrantes buscan ayuda médica en un nuevo país, es probable que encuentren prácticas que son muy diferentes de lo que están acostumbrados. Estos incluyen el tipo de medicamentos, vacunas y tratamientos disponibles, cómo y cuándo se usan las pruebas de diagnóstico y otros enfoques de atención médica. Las reacciones de los inmigrantes a estas diferencias influyen en cuán satisfechos están con los servicios, su confianza que serán efectivos los servicios que reciben, y si buscarán ayuda de proveedores locales en el futuro.

A continuación, proporcionamos algunos ejemplos de la diferencia en los enfoques y sistemas de atención médica. Esta discusión no es exhaustiva. Pero esperamos que les dé a los lectores una idea general de lo que los inmigrantes probablemente encontrarán.

## MEDICAMENTOS

Es probable que los inmigrantes encuentren que las leyes sobre el uso de medicamentos difieren de un país a otro. Los medicamentos que podrían comprar fácilmente en su país de origen pueden requerir una receta médica o quizás no estar disponibles en absoluto en el país al que han emigrado. Otros pueden ser prohibidos por completo. Algunos ejemplos de medicamentos contra el dolor prohibidos en los EE.UU. son oxifenbutazona (nombres comerciales Tandearil y Tanderil), Nimesulide (múltiples nombres comerciales incluyendo Acenim), propoxifeno (nombre comercial Darvon) y nitrofurasona (múltiples nombres comerciales que incluyen Amifur).[116] La Administración de Alimentos y Medicamentos de los Estados Unidos (FDA) ha descubierto que los posibles efectos secundarios negativos superan los beneficios que proporcionan estos medicamentos.

Por otro lado, algunos medicamentos que están disponibles en los Estados Unidos son ilegales en otros lugares. Por ejemplo, los medicamentos para el trastorno por déficit de atención/hiperactividad (por ejemplo, Adderall, Concerta, Ritalin), medicamentos para el dolor como Vicodin y benzodiazepinas contra la ansiedad como Xanax y Valium no están disponibles en Europa. Esto no significa que las personas que visitan a un país extranjero no puedan tomar los medicamentos que necesitan y que están acostumbrados a tener con ellos, incluso en caso de una estadía prolongada.

SAI (Specialized Academic Instruction), una organización que ayuda a los estudiantes estadounidenses a estudiar en el extranjero, por ejemplo, hace las siguientes recomendaciones. Algunos de estos también se aplican a los inmigrantes. Además, las personas que viajan a través de varios países para llegar a sus destinos deben considerar las leyes y procedimientos en cada uno.[117]

1. Traiga un suministro completo de los medicamentos recetados que probablemente necesitará para su tiempo en otro país. (Pero revise otras consideraciones a continuación para ver si eso será legal en el lugar al que viaja).

2. ¿Su médico estadounidense le ha proporcionado una nota firmada y fechada en inglés con membrete de su práctica

que incluya el nombre del medicamento (incluido el nombre genérico y que no es un narcótico), su nombre completo, la cantidad del medicamento que trae y que el medicamento es necesario para su salud (nombrando la condición específica)? No puede llevar sus medicamentos con usted a Europa sin dicha documentación. Es posible que otros países ni siquiera acepten ese proceso.

3. Mantenga cada medicamento en su empaque y frascos originales.

4. El embalaje y las botellas deben estar claramente etiquetados. También debe llevar sus recetas con usted.

5. Cuando viaje en avión, mantenga el medicamento en su equipaje de mano en lugar de en el equipaje facturado.

6. Si recibe un medicamento en el país que está visitando, también asegúrese de que sea legal en su país de origen si regresa con él.

### Un ejemplo personal de Joachim Reimann

Un ejemplo algo relacionado de mi historia personal es el siguiente. Si bien esto no implicó una condición médica grave, el ejemplo ilustra lo que puede suceder cuando uno se encuentra en otro país. Nací con un tabique desviado. En esta afección, la pared delgada (tabique) entre las fosas nasales no está centrada. Por lo tanto, un pasaje nasal es más pequeño que el otro. Esto puede hacer que sea difícil respirar por la nariz (especialmente cuando tiene congestión). Para tratar la afección, a veces uso un aerosol descongestionante nasal sin receta. Tenía curiosidad por saber si algo similar está disponible en Alemania y me acerqué a una farmacia (Apotheke) mientras viajaba allí en la década de los 1990s. Algunas opciones, como las soluciones salinas, existían, pero no parecían satisfactorias. Sin embargo, el farmacéutico tenía mucha curiosidad por mi producto estadounidense y pidió verlo. El luego copió todos los ingredientes activos de la etiqueta de mi aerosol. Parecía que, como parte regular de su profesión, mezclaba algunos medicamentos en la parte trasera de su tienda. No sé si hizo algo con los ingredientes de mis medicamentos.

Mi contacto con el farmacéutico alemán fue motivado por la curiosidad más que por una necesidad inmediata del aerosol. Pero la interacción resaltó que estaba en un entorno completamente diferente al que estaba acostumbrado. (Una palabra de precaución: algunos aerosoles nasales pueden crear hábito cuando se usan en exceso, una condición técnicamente llamada *rinitis medicamentosa*).[118]

Algunos de los ejemplos anteriores involucran a personas que están temporalmente en un país. Muestran que incluso entonces, tratar con los medicamentos que necesita es complejo. Para los inmigrantes permanentes, los problemas son aún más sustanciales. Aquí hay algunos ejemplos más que ilustran el punto.

### Ejemplo de medicamento específico: antibióticos

Los antibióticos son medicamentos que tratan infecciones bacterianas. Pueden dificultar que las bacterias crezcan y se multipliquen o maten las bacterias por completo. El descubrimiento de este tratamiento fue un gran avance en la medicina. De repente, enfermedades letales como la tuberculosis, la viruela, el cólera, la difteria, la neumonía, la fiebre tifoidea y la sífilis,

entre otras, podrían curarse. El promedio de vida, particularmente en los países desarrollados, aumentó.[119]

Al mismo tiempo, el uso de antibióticos es complicado. Hay
varios tipos de medicamentos básicos. Algunas personas son
alérgicas a un tipo (por ejemplo, penicilina) pero pueden tomar
otro sin problemas. El uso adecuado de antibióticos es esencial
porque hacer lo contrario puede causar que se desarrollen más
bacterias resistentes a los medicamentos.[120]

**Uso de antibióticos en el mundo:** Un informe de 2018 de la
Organización Mundial de la Salud (OMS) describió grandes diferencias en el uso de antibióticos entre varios países. Las personas en algunos países probablemente abusan de los antibióticos,
mientras que las de otros lugares carecen de suficiente acceso a
ellos. Los lugares donde los antibióticos se usan con mayor frecuencia incluyen América del Norte, Europa y Medio Oriente.
Por el contrario, los países del África subsahariana y partes del
sudeste asiático tuvieron algunas de las tasas de consumo más
bajas.[121]

Las tasas de uso de antibióticos también han cambiado con
el tiempo. En todo el mundo aumentaron un 46% entre 2000
y 2018. Esta tendencia fue especialmente pronunciada en los
países de ingresos bajos y medianos. En esos lugares, la tasa
aumentó en un 76% durante el mismo período de tiempo. Los
mayores aumentos ocurrieron en África del Norte y la región
de Oriente Medio (111%), así como en Asia meridional (116%).
Por lo contrario, el uso de antibióticos en los países de ingresos
altos tendió a permanecer estable entre 2000 y 2018.[122]

Las leyes sobre el uso de antibióticos también cambian de un
país a otro. En América Latina, por ejemplo, los antibióticos se
obtienen fácilmente sin receta. En los Estados Unidos requieren
una receta de un médico con licencia.

**Uso de antibióticos entre inmigrantes**: Los patrones de uso de antibióticos entre los migrantes han llamado mucho la atención porque, a medida que viajan a un nuevo país, las personas experimentan diferentes normas sociales y entornos en comparación con las poblaciones locales. Por lo tanto, la población migrante podría reportar patrones únicos de uso de antibióticos. Un estudio realizado en los Estados Unidos encontró que, en comparación con la población local, los migrantes tenían un 17% más de probabilidades de esperar antibióticos de un médico.[123] También se ha informado que los inmigrantes latinos en los Estados Unidos pueden usar antibióticos no recetados con mayor frecuencia.[124,125] Pueden estar acostumbrados a recibir antibióticos sin receta. Si viven a lo largo de la frontera entre Estados Unidos y México, es probable que vayan a México para obtener el medicamento. La literatura sugiere que muchos latinos en los Estados Unidos también se recetan antibióticos debido a las barreras financieras y la creencia inexacta de que tales medicamentos ayudan a tratar las infecciones virales.

## VACUNAS

La pandemia de COVID-19 ha puesto de relieve la importancia de la prevención de enfermedades a través de las vacunas. Las vacunas aprobadas localmente pueden variar de un país a otro. Mientras escribimos esto, las vacunas para COVID-19 Pfizer y Moderna han sido aprobadas en los Estados Unidos durante algún tiempo. Novavax fue aprobado para uso de emergencia el 13 de julio de 2022.[126] Una vacuna de Johnson and Johnson fue aprobada originalmente. Pero ahora hay algunas precauciones sobre el uso de esta vacuna porque estaba relacionada con el desarrollo de coágulos sanguíneos y sangrado severo en casos de tasa.[127]

No todos los países utilizan vacunas aprobadas por la FDA de los Estados Unidos. En Australia, la vacuna de AstraZeneca está aprobada, aunque limitada a personas mayores de 50 años. China utiliza Sinovac y Sinopharm. Rusia y Hungría usan una vacuna llamada Sputnik V. Rusia también usa EpiVacCorona y Covicac. Brasil también utiliza Sinovac.

Tales patrones resaltan las complejidades que enfrentan los inmigrantes cuando se mudan de un país a otro. Algunas vacunas también tienen propiedades que complican las pruebas de detección de enfermedades en países donde la vacuna se usa con poca frecuencia o no es bien conocida. Como se señaló en nuestra introducción, la vacuna Bacilos Calmette-Guérin (BCG) se usa comúnmente en una multitud de países fuera de los Estados Unidos para prevenir la tuberculosis. Estos incluyen México y América Central. Pero también puede conducir a una reacción positiva falsa a una prueba cutánea de TB.[128]

Los Estados Unidos no ha llevado a cabo inmunización a gran escala utilizando BCG porque la tuberculosis es relativamente rara allí. En cambio, se ha basado en la detección y el tratamiento de la tuberculosis latente para controlar la enfermedad. Como tal, los sistemas de salud, los empleadores y otros pueden no ser plenamente conscientes de los vínculos entre las vacunas y una prueba cutánea de TB falsa positiva. Esto puede crear confusión y conducir a complicaciones innecesarias, incluidas las que afectan el empleo.

Según la Administración de Seguridad y Salud Ocupacional (OSHA) del Departamento de Trabajo de los Estados Unidos, los empleadores, por ejemplo, *"deben poner una evaluación y una vacuna a disposición de todos los empleados con exposición ocupacional razonablemente anticipada."*[129] Además, se recomienda que las personas en ciertas ocupaciones de alto riesgo tengan acceso a una prueba cutánea periódica de TB. Por lo tanto, todas las partes deben estar plenamente informadas sobre los posibles positivos falsos en algunas pruebas, particularmente en el caso de personas que nacieron y crecieron en un país diferente.

**Campañas de vacunación:** Como la mayoría de nosotros hemos visto durante la pandemia de COVID-19, algunas personas son muy reluctantes a vacunarse. Hay muchas razones para tal *"vacilación hacia la vacuna"*. Las redes sociales han perpetuado todo tipo de rumores y desinformación sobre las vacunas. Uno, por ejemplo, hace la afirmación físicamente imposible de que las vacunas pueden hacerte magnético.[130] Al mismo tiempo, pueden ocurrir efectos secundarios muy raros pero válidos.

El CDC describe los efectos secundarios comunes como fatiga, dolor de cabeza, dolor muscular, escalofríos, fiebre y náuseas.[131] En el pasado, algunos grupos en los Estados Unidos, especialmente aquellos de grupos cultural, racial y lingüísticamente distintos, fueron sometidos a experimentos médicos poco éticos y dañinos. Es comprensible que estas personas vean con sospecha la atención médica que implica nuevos métodos de prevención y tratamiento.[132] Un estudio, por ejemplo, mostró que la vacilación de la vacuna en la población estadounidense era más alta entre los estadounidenses negros.[133]

Por lo tanto, es importante que las campañas de vacunación incluyan a miembros confiables de la comunidad. Una posibilidad es involucrar a los Trabajadores de Salud Comunitarios (TCS), también conocidos como *Promotoras*. Estos son líderes de la comunidad local con algunos conocimientos de atención médica que pueden llegar a las personas en los vecindarios locales y pueden conectar a los miembros de la comunidad con los proveedores de atención médica.[134] En nuestra ciudad local, de San Diego, *Promotoras* han ayudado a llevar información sobre la vacuna COVID-19 directamente a las comunidades mexicoamericanas. Han entregado máscaras faciales y volantes gratuitos sobre vacunas frente a las tiendas de comestibles y a personas que conocen.[135]

El valor de estas contribuciones ha recibido un reconocimiento internacional cada vez mayor.[136] A partir del 1 de julio de 2022, el Departamento de Servicios de Atención Médica de California de EE. UU., por ejemplo, agregó un beneficio de Trabajador de Salud Comunitario a sus planes de seguro de salud pública (Medi-Cal).[137] Esfuerzos similares han estado en marcha en otros estados de Estados Unidos como Minnesota, Oregón e Indiana. Para complicar las cosas, los esfuerzos de vacunación de los TCS se manejan de manera muy diferente de un país a otro.

### Un ejemplo de Dolores

Un amigo nuestro que tiene experiencia profesional en salud pública se mudó recientemente a un pequeño pueblo en el interior de México. Allí observó cómo se administraban las vacunas COVID-19.

Un día, un camión con un altavoz atravesó la ciudad y les comunico a los residentes que se reunieran a un lugar determinado. La gente de la ciudad siguió esas instrucciones y se les dio la vacuna. Luego, a una fecha posterior, regreso el camión. Era hora de la segunda dosis. Esto se administró de la misma manera y en el mismo lugar. Fue la impresión de nuestro amigo que todos en la ciudad estaban vacunados.

Este ejemplo no significa que las personas en varios lugares, incluidos los inmigrantes, sean inmunes a los rumores absurdos que se difunden en las plataformas de las redes sociales. Algunos rumores de los que hemos escuchado incluyen la idea de que las vacunas inyectadas incluyen un dispositivo de seguimiento. Esto probablemente nos preocuparía a todos. Pero sería de particular preocupación para los inmigrantes indocumentados que temen la deportación. Esto es un mito. Otra pieza de desinformación es que las vacunas están diseñadas para matar lentamente a poblaciones específicas de bajos ingresos para disminuir las cargas financieras que crean para la sociedad en general. Para las personas que confían y tradicionalmente han confiado en los medios de comunicación para obtener información precisa, esto puede ser muy aterrador. Dado este tipo de problemas, siempre es importante investigar y encontrar fuentes confiables antes de rechazar una vacuna que pueda salvarle la vida o la vida de un ser querido.

El ejemplo de Dolores ilustra cómo se manejan los procedimientos en diferentes países. Vacunarse en los Estados Unidos, incluso en comunidades más pequeñas, puede ser complejo. A veces se necesita una computadora para programar citas. En nuestro caso personal, se requirió ingresar información del seguro de salud al registrarse para una cita a pesar de que la vacuna era gratuita. ¿Cómo alguien que no tiene conocimientos informáticos (o incluso alfabetizados en absoluto) negocia tales sistemas? Tal vez podamos aprender a hacer las cosas mejor a partir de los métodos en esa pequeña ciudad mexicana.

## CURACIÓN TRADICIONAL

Algunos inmigrantes provienen de culturas donde se utilizan varios métodos de curación tradicionales y holísticos. Nuestra experiencia profesional ha demostrado que las comunidades de inmigrantes a menudo traen consigo tradiciones curativas. Por lo tanto, los proveedores en sus nuevos países deben estar familiarizados con la perspectiva de los inmigrantes sobre la salud y la curación. Estos son algunos ejemplos:

**Curanderismo** es una práctica de curación tradicional que se originó en América Latina (particularmente en México). Un curandero se especializa en hierbas, aguas, enfoques espirituales, masajes, oración y otros métodos para tratar enfermedades físicas, emocionales, mentales y presuntamente espirituales. El curanderismo tiende a mezclar elementos religiosos indígenas y católicos.[138] Se cree que partes del curanderismo reflejan la medicina europea del siglo 16. Si bien integra tales elementos, el curanderismo no es un sistema que simplemente reúne varias prácticas. En cambio, Renaldo Malduro lo describe como una *"visión coherente del mundo de la curación que tiene profundas raíces históricas."*[139]

**Ayurvédico** La medicina (Ayurveda) es un arte curativo antiguo de la India que todavía se practica hoy en día. Utiliza un enfoque holístico de la salud física y mental. Los tratamientos utilizan principalmente hierbas, pero también incluyen sustancias derivadas de animales, metales y minerales. Estos se combinan con dietas tradicionales, ejercicio yóguico, meditación, amuletos y mejoras en el estilo de vida.[140]

**Medicina Tradicional Árabe e Islámica (TAIM).** Incorpora hierbas, terapias espirituales, prácticas dietéticas, prácticas mente-cuerpo y técnicas de manipulación física. Dependiendo de las circunstancias, estos se utilizan individualmente o juntos. TAIM incorpora prácticas chinas, persas y ayurvédicas y, a veces, se usa en combinación con la medicina moderna para tratar la infertilidad y otras afecciones médicas.[141]

**Medicina Tradicional China (TCM)** es otra forma antigua de tratamiento que a menudo combina acupuntura, Tai Chi (que utiliza ciertos movimientos suaves, enfoque mental, respiración y relajación), masajes, recomendaciones de alimentos equilibrados y hierbas. Se utiliza para tratar el dolor y una variedad de enfermedades (por ejemplo, enfermedades respiratorias).[142]

Dado que la evidencia basada en la investigación que aborda estas prácticas es limitada, algunos en las profesiones médicas occidentales son escépticos sobre la eficacia de estos tratamientos. En general, la información disponible apoya algunas prácticas tradicionales, pero advierte contra otras. Por ejemplo, la tradición latinoamericana de comer *Nopales* para ayudar regular el azúcar en la sangre ha sido apoyado por la investigación.[143,144] Se han encontrado resultados similares para *Karela* (melón amargo) que se usa comúnmente en las culturas asiáticas. Una amplia revisión de la literatura científica señala que las medicinas tradicionales del sur de Asia (India) han demostrado eficacia en el control de la diabetes tipo 2.[145] La evidencia también sugiere que la acupuntura es útil para reducir el dolor crónico.[146]

Si bien tales resultados son positivos, el Centro Nacional de Salud Complementaria e Integrativa advierte que los problemas con la medicina tradicional también han sido evidentes. Por ejemplo, se ha encontrado que algunas preparaciones ayurvédicas contienen cantidades tóxicas de plomo, mercurio o arsénico. Del mismo modo, la investigación sobre la medicina tradicional china ha demostrado que algunos productos herbales incluyen contaminantes como pesticidas y metales que pueden causar enfermedades.[140]

Varios de los enfoques de tratamiento descritos anteriormente son antiguos. Para muchas personas enfermas y angustiadas, estos métodos han ayudado. Por lo tanto, la medicina occidental no puede simplemente descartar estos tratamientos como inútiles. Dado que algunos tratamientos son útiles y otros pueden ser potencialmente peligrosos, es importante investigar cuidadosamente los métodos tradicionales y aprender cuáles funcionan y cuáles no. Por lo tanto, las comunidades de investigación y práctica deben explorar mecanismos que hagan que algunos sean efectivos, y luego incluir esos resultados en su base de conocimiento general. Algunos profesionales han abogado por la coordinación de la medicina moderna y tradicional, especialmente en atención primaria.[147] Una exploración científica cuidadosa de métodos de curación tradicionales específicos mejoraría la viabilidad de esa idea.

## INFLUENCIAS EN CÓMO PRACTICAN LOS PROVEEDORES

En los Estados Unidos, los proveedores deben usar métodos que representen el *"estándar de atención"* o el *"estándar de práctica"*. El estándar de práctica para los psicólogos en California es, por ejemplo, definido como el *"nivel de habilidad, conocimiento y cuidado en el diagnóstico y tratamiento que normalmente poseen y ejercen otros psicólogos razonablemente cuidadosos y prudentes en las mismas circunstancias o similares en el momento en cuestión."*[148] En lenguaje sencillo, esto significa que las personas deben recibir al menos un tratamiento adecuado, sin importar a qué proveedor acudan. Esto no significa que los proveedores tengan que ser los mayores expertos en un área determinada. Solo tienen que ser competentes.

Otros países y organizaciones también han desarrollado estándares médicos. En 2015, la Organización Mundial de la Salud, por ejemplo, publicó los Estándares Globales para Servicios de Atención Médica de Calidad para Adolescentes.[149] Muchos de los ocho estándares que describe se centran en lo que deben hacer los centros de salud. Pero, en parte, la Norma 4 también establece que *"los proveedores de atención médica demuestran la competencia técnica requerida para proporcionar servicios de salud efectivos a los adolescentes".* Luego continúa señalando que la privacidad y la confidencialidad del paciente deben protegerse. Este es un factor importante para las personas que se preocupan de que sus condiciones médicas se conviertan en conocimiento público y dañen su reputación.

Los inmigrantes que acceden al sistema médico de su nuevo país pueden, a veces, sorprenderse por la cantidad y los tipos de pruebas que deben realizar. En parte, esto se debe a la necesidad de verificar, y al menos descartar, cualquier condición que pueda relacionarse con los síntomas de un paciente. En otras palabras, es ser cuidadoso y diligente. Pero algunos médicos también han advertido que, si se lleva demasiado lejos, esta práctica resulta en *"medicina defensiva"*. El término se usa para describir una situación en la que los proveedores van más allá de un uso razonable de pruebas, procedimientos médicos, medicamentos e incluso hospitalizaciones para evitar ser demandados por negligencia. Como consecuencia, los costos sanitarios aumentan y los pacientes pueden verse sometidos a una presión innecesaria.[150]

¿Por qué los proveedores estarían demasiado preocupados por sus servicios y ordenarían pruebas y tratamientos que realmente no son necesarios? Paul Rubin de la *New York Times* señala que Estados Unidos es el país más propenso a las demandas en el mundo. Las personas en los Estados Unidos gastan aproximadamente $ 310 mil millones al año en demandas.[151] Más concretamente Juspoint[152] informa que se estima que cada año se presentan 85,000 demandas por negligencia médica en los Estados Unidos. Por lo tanto, no es sorprendente que los médicos se vuelvan cautelosos.

## SALUD MATERNA

La salud materna es otra área que afecta las experiencias y expectativas de los inmigrantes. Este es un tema complejo que podría llenar su propio libro. A continuación, se ofrece una breve reseña. Esperamos que estimule a nuestros lectores a aprender más.

El embarazo, el parto y la crianza de un pequeño bebé pueden ser particularmente difíciles para los inmigrantes. Cuando las mujeres quedan embarazadas poco antes de salir de su país de origen o mientras viajan, se enfrentan al acceso a la ayuda médica, que probablemente sea limitada y esporádica en muchos casos. Dada la frecuente explotación sexual de las mujeres migrantes, también pueden enfrentarse a embarazos que han resultado de traumas.

En resumen, las mujeres migrantes embarazadas pueden ser especialmente vulnerables a una variedad de riesgos para la salud. También pueden enfrentar un menor acceso a la atención profesional (particularmente en el caso de los inmigrantes indocumentados) y, por lo tanto, un mayor riesgo de complicaciones durante el embarazo.[153] El número de mujeres embarazadas que mueren durante su migración no se conoce bien. Como se señaló anteriormente, incluso la tasa general de mortalidad de los migrantes es difícil de calcular dada la documentación muy limitada.[154] La mayoría de las veces, incidentes específicos salen a la luz a través de los medios de comunicación con titulares como "Inmigrantes *mujer y niño por nacer mueren después de ser abandonados en un camión cerca de la frontera entre México-Estados Unidos.*"[155]

Las dificultades graves con el embarazo durante la migración no son universales. La tendencia varía mucho según los grupos de inmigrantes. En los Estados Unidos, los recién llegados, en particular los procedentes de países de América Central, América del Sur, Asia meridional y África subsahariana, tienen los mayores problemas.[156]

Además, el uso de los servicios médicos entre las mujeres inmigrantes embarazadas en los Estados Unidos es mixto. En promedio, reciben menos atención durante el embarazo (atención prenatal) pero más atención para los problemas relacionados con el embarazo una vez que nace el bebé (atención posparto).[157] La razón de esta tendencia no está del todo clara. Pero puede ser que los inmigrantes tengan más dificultades para encontrar atención en el transcurso de sus embarazos, lo que luego requiere intervenciones más intensivas después del parto. Ciertamente, se necesitan mayores servicios iniciales que ayuden a prevenir complicaciones durante el embarazo.

No está claro si, en promedio, si las mujeres inmigrantes tienen más problemas con el embarazo que sus contrapartes nativas. La investigación no del todo lo revela y a veces parece llegar a conclusiones opuestas. Un estudio, por ejemplo, mostró que el 13% de los inmigrantes considerados para el estudio en realidad tenían menos casos de mortalidad infantil que la población nativa. Pero aproximadamente la mitad de las mujeres en el mismo estudio experimentaron una mayor tasa de mortalidad infantil. La conclusión es que, en general, las tasas de mortalidad infantil son un problema entre los inmigrantes. El riesgo de tal mortalidad es mayor entre los refugiados, los migrantes no europeos a Europa y los negros nacidos en el extranjero en los Estados Unidos.[158] Tales condiciones afectan más directamente a los inmigrantes que experimentan circunstancias socioeconómicas bajas. Al mismo tiempo, los investigadores necesitan aprender más sobre el 13% que tuvo tasas de supervivencia infantil mejores que el promedio. ¿Qué acciones y actitudes por parte de los inmigrantes contribuyeron a este resultado?

A pesar de la información contradictoria, una cosa está clara; los sistemas de salud tienen que estar más en sintonía cultural con sus pacientes. En palabras sucintas de Frankie Fair y sus colegas, *"se necesitan nuevos modelos de atención de maternidad que vayan más allá de la atención clínica y aborden las necesidades socio-económicas y psicosociales únicas de las mujeres migrantes."*[159]

## PREGUNTAS PARA CONSIDERAR

Dadas todas las discusiones previas, a continuación, hay algunas preguntas que los inmigrantes pueden hacerse antes de migrar a un nuevo país:

1. ¿Tengo o sospecho que tengo alguna condición médica? Si es así, ¿han sido confirmados por un médico u otro proveedor de atención médica en mi país de origen o mientras viajaba?

2. ¿Recibí algún medicamento útil para estas afecciones (recetado o no)?

3. ¿Estos medicamentos estarán disponibles en mi nuevo país? Si es así, ¿tendré que obtener una receta?

4. ¿Qué otros tratamientos útiles, si los hubiera, tuve en mi país de origen?

5. ¿Estarán disponibles estos mismos tratamientos en mi nuevo país?

6. ¿Qué documentos sobre mi salud y cualquier medicamento debo llevar conmigo cuando migre?

7. ¿Viajo con bebés o niños pequeños? Si es así, ¿tienen algún problema médico?

8.  ¿Cómo me conecto con el sistema de salud en mi nuevo país?

9.  ¿Tengo seguro médico? ¿Qué debo hacer para usar ese seguro u obtener uno diferente cuando vaya a un nuevo país?

10. Algunos países también evalúan condiciones médicas preexistentes antes de permitir que los inmigrantes o incluso los viajeros de rutina ingresen.[42] ¿Cuáles son las leyes relacionadas en el país al que quiero migrar?

## RECURSOS:

• Para obtener más información sobre las reglas y recomendaciones para traer medicamentos extranjeros a los Estados Unidos visite la red de la Administración de Alimentos y Medicamentos de los Estados Unidos:
https://www.fda.gov/consumers/consumer-updates/5-tips
-traveling-us-medications

• En parte, la Comisión Europea tiene un papel algo similar al de la FDA de los Estados Unidos, aunque abarca diferentes países y está menos centralizada que la FDA. En concreto, la Unión Europea regula la aprobación de medicamentos y dispositivos médicos a través de un sistema de agencias en sus estados miembros.[160]

• Para obtener más información sobre la aprobación de medicamentos en la Unión Europea, consulte:
https://www.ema.europa.eu/en/about-us/what-we-do/
authorisation-medicines

# 5

# CULTURA, INMIGRACIÓN Y LA SALUD

Para comprender las conexiones entre la inmigración, la cultura, el trauma, la salud y las percepciones espirituales en torno al bienestar, tenemos que pensar en una serie de factores diferentes. Esta mezcla compleja se ha mostrado en algunas películas populares. Una de nuestras favoritas que ilustra estas dinámicas es la comedia romántica de 2019 "*Last Christmas.*"[161]

No vamos a regalar la trama. Pero la historia gira en torno a una familia de la antigua Yugoslavia que ha emigrado al Reino Unido. Allí enfrentan los desafíos del estrés, la discriminación, las enfermedades cardíacas y el trauma que afecta a múltiples generaciones. Por ejemplo, en una de las escenas de la película, una hija y su madre visitan a su médico. Sintiendo la angustia familiar, el médico sugiere que la madre haga amigos. La madre responde: "*... todos mis amigos han sido asesinados*". En otra escena, dos hijas hablan de cómo "*... no tenemos suerte tú y yo. Hemos tenido que soportar los sacrificios de nuestros padres*".

En resumen, servir a los inmigrantes requiere una comprensión de la aculturación, cómo las prácticas culturales afectan la salud y qué tan bien los sistemas de salud, incluidos los proveedores individuales, pueden conocer y dar cuenta de los enfoques de los inmigrantes sobre la enfermedad y el bienestar. Estos son los temas para nuestra próxima discusión.

## DESCRIPCIÓN GENERAL DE LA ACULTURACIÓN

Cuando los inmigrantes llegan a un nuevo país, se adaptan a las circunstancias desconocidas que encuentran de diversas maneras. Esta adaptación a menudo se llama aculturación. Desde una perspectiva de salud, la aculturación se ha definido como el *"proceso de aprendizaje e incorporación de los valores, creencias, lenguaje, costumbres y gestos del nuevo país en el que viven los inmigrantes y sus familias, incluidos los comportamientos que afectan la salud, como los hábitos alimenticios, los niveles de actividad y el uso de sustancias."*[162]

Esencialmente, la aculturación implica adaptaciones personales y sociales que ocurren cuando grupos de individuos que tienen diferentes culturas entran en contacto constante y directo. En otras palabras, es cuando un inmigrante comienza a ganar y adaptarse a las normas de su país adoptivo. A un nivel más básico, es el proceso de cambio cultural de un individuo.[163] Pero los cambios culturales no solo ocurren con los inmigrantes. También pueden ocurrir en la cultura nativa de un país, ya que está expuesta e influenciada por nuevos grupos culturales.

La aculturación implica muchos aspectos de la vida. Estos incluyen actitudes básicas, uso del lenguaje, opiniones políticas, estatus económico, valores personales, preferencias dietéticas, tipos de entretenimiento que las personas disfrutan y qué costumbres tienen las personas. Pero la gente no se cultura de una sola manera. Nuestro primer libro (Inmigrantes *Conceptos: Vías de la Vida Hacia la Integración*) en esta serie entra en detalles sobre cómo sucede esto.[164] No vamos a repetir todo eso aquí. Pero una breve descripción es la siguiente:

Los investigadores han identificado cuatro formas básicas en que las personas se adaptan a un nuevo país.[165] Algunos optan por descartar el idioma y la cultura de su país de origen a

medida que se adaptan a su nuevo hogar. Esto se llama tradicionalmente asimilación. Algunos optan por no adoptar el idioma
y las tradiciones de su nuevo país. Esto puede significar que su
capacidad para participar en actividades diarias sociales y rutinarias se limita a los vecindarios étnicos donde la mayoría de las
personas hablan el idioma de sus países de origen. Otros optan
por aprender el idioma y las costumbres de su país de adopción, pero al mismo tiempo mantienen los de su país de origen.
En consecuencia, pueden funcionar bien en diferentes lugares y
con diferentes personas. Esto a menudo se llama ser bicultural.
Finalmente, algunos no mantienen completamente su cultura
de origen y no adoptan la de su nuevo país. Más bien, crean una
cultura nueva y única.

La aculturación está influenciada por muchos factores. Por
ejemplo, las personas más jóvenes tienden a aprender un nuevo
idioma más rápido que sus parientes mayores. También afecta
la forma en que las personas ven su bienestar y participan en
actividades que probablemente sean saludables para ellos. Estos
son algunos ejemplos:

## ACULTURACIÓN Y SALUD

Algunos grupos de inmigrantes son sorprendentemente saludables, incluso cuando han pasado por viajes difíciles y no están
financieramente bien. Esto a veces se llama la *paradoja del
inmigrante*. Se cree que los recién llegados son más saludables
porque es más probable que estén protegidos por las normas y
tradiciones culturales con las que crecieron en su país de origen.

Los investigadores de la salud han notado esta tendencia en
diferentes partes del mundo. En los Estados Unidos, por ejemplo, encontraron que las mujeres con orígenes asiáticos y latinoamericanos tendían a tener tasas de mortalidad infantil más

bajas, mayor peso al nacer, menos diagnósticos médicos durante el parto y estancias hospitalarias más cortas cuando estaban embarazadas / dando a luz que la población nacida en los Estados Unidos.[166] Se han observado tendencias similares entre algunos grupos de inmigrantes en España.[167] Además, las mujeres inmigrantes mexicoamericanas en los Estados Unidos tienden a tener dietas más saludables que las blancas y las mujeres mexicoamericanas que nacieron en los Estados Unidos.[168]

En resumen, muchos casos muestran que los inmigrantes tienen dietas y rutinas físicas más saludables que sus contrapartes nativas. Pero luego, a medida que se integran más, ciertamente en el caso de sus hijos, estos comportamientos saludables se erosionan y se vuelven más parecidos a los de la sociedad adoptada en la que se encuentran.[169]

¿Qué podría explicar estas tendencias? Como hemos comentado anteriormente, la exposición a alimentos procesados y abundantes a los que los cuerpos de los inmigrantes no están acostumbrados, puede causar obesidad y con ella multitud de enfermedades asociadas. Los nuevos inmigrantes que se adhieren a sus dietas tradicionales tienen una mejor oportunidad de evitar tales problemas. Además, los nuevos inmigrantes pueden sentirse en mayor riesgo de contraer enfermedades en sus nuevos entornos y pueden estar más inclinados a mantener estilos de vida saludables.

Uno de nuestros propios estudios sobre la prevención de la tuberculosis apoyó algunas de estas ideas.[170] Observamos las conexiones entre la aculturación, el género, las creencias sobre la salud y la intención de las personas de actuar sobre tales creencias entre los mexicoamericanos. Para ello, aplicamos el bien establecido Modelo de Creencias en Salud (HBM) que considera las percepciones de las personas sobre lo siguiente:

1. que una enfermedad específica es grave,
2. que corren el riesgo de contraerlo,
3. qué barreras a la atención creen que existen y otros factores.[171]

Como predijimos, nuestro estudio encontró que los mexicoamericanos menos aculturados veían la tuberculosis como una enfermedad más grave y creían que estaban a mayor peligro de contraerla que sus contrapartes más aculturadas. Debido a esto, prestaron más atención a la información sobre cómo prevenir la tuberculosis. En particular, este grupo también dijo que era probable que encontraran más barreras para una buena atención. En general, las mujeres tienden a ser más conscientes de la salud que los hombres. Los hombres altamente aculturados tenían menos probabilidades de expresar preocupación o actuar sobre cualquier preocupación sobre la tuberculosis.

Incluso con las tendencias positivas observadas en la "*paradoja del inmigrante*", la aculturación puede ser estresante. Aprender un nuevo idioma es un desafío, especialmente en la vida posterior. Además, los inmigrantes que difieren de muchos de sus homólogos nativos en términos de color de piel, vestimenta, religión, acentos y otras características, enfrentan discriminación.[172]

Algunos inmigrantes también se preocupan por el impacto de las circunstancias políticas, incluidos los cambios en esas circunstancias entre su país de origen y su nuevo hogar. Esto puede influir en cómo la población nativa de su nuevo país los ve y reacciona ante ellos. Finalmente, los inmigrantes que tuvieron que huir de su país de origen a menudo se preocupan por los amigos y familiares que dejaron atrás y que aún pueden estar en peligro.

Por lo tanto, el estrés por aculturación se ha observado como un problema común. Esto puede tener un impacto negativo en la salud, tanto en términos de fomentar la enfermedad como de limitar el acceso a la atención. Un estudio, por ejemplo, encontró conexiones entre dicho estrés y las visitas al departamento de emergencias por asma, insomnio y sentimientos generales de mala salud.[173]

¿Ha influido la paradoja del inmigrante en las consecuencias del COVID-19? La información sobre esta pregunta sigue siendo limitada. La esperanza de vida de las poblaciones latinas había disminuido en el transcurso de la pandemia. Un estudio que analizó estos números en el contexto de la paradoja de los inmigrantes señaló que los latinos han tenido consistentemente una mortalidad más baja que los blancos no latinos. Este seguía siendo el caso. Pero, en promedio, la tasa de supervivencia disminuyó en dos años. Sin embargo, esto fue un año mejor que la tasa de supervivencia promedio de los blancos no latinos.[174] En resumen, la pandemia había erosionado, pero no eliminado por completo, los factores positivos que generalmente se describen bajo el término "paradoja del inmigrante".

## VOLVERSE MÁS COMPETENTE CULTURALMENTE:

Todos estos ejemplos muestran que los sistemas de salud deben ser más competentes en la comprensión y el tratamiento de los inmigrantes. Eso requiere la consideración de factores individuales (paciente-proveedor), familiares, organizacionales, nacionales e internacionales.

Para proporcionar directrices a individuos y organizaciones, la Oficina de Salud de las Minorías del Departamento de Salud y Servicios Humanos de los Estados Unidos ha desarrollado

Estándares Nacionales para Servicios Cultural y Lingüísticamente Apropiados.[175] Muchas empresas estadounidenses y gobiernos locales utilizan estos estándares para mejorar sus servicios y verificar cuán efectivos son esos esfuerzos.

Además, las agencias profesionales han desarrollado estándares de competencia cultural. La Asociación Nacional de Trabajadores Sociales de los Estados Unidos (NASW), por ejemplo, cita 10 estándares que se centran en la ética y los valores de un profesional, la autoconciencia sobre cuestiones culturales, el conocimiento y las habilidades interculturales, los enfoques culturalmente efectivos para la prestación de servicios, las actividades que empoderan y abogan por los clientes, así como aquellas que ayudan a construir una fuerza laboral diversa, tienen fluidez en un segundo idioma o conocimiento sobre la mejor manera de usar los servicios interpretativos, incluso con aquellos que tienen audición, y mostrar liderazgo en el avance de la competencia cultural en su lugar de trabajo y comunidades.[176] Los estándares completos se pueden encontrar en línea en: https://www.socialworkers.org/Practice/NASW-Practice-Standards-Guidelines/Standards-and-Indicators-for-Cultural-Competence-in-Social-Work-Practice

Otras organizaciones estadounidenses que ofrecen orientación sobre la competencia cultural en el cuidado de la salud incluyen la Asociación Americana de Hospitales (AHA), la Asociación Médica Americana (AMA)[178] y los Centros para el Control y la Prevención de Enfermedades.[179]

Los académicos han ideado una serie de modelos que reflejan las actitudes y comportamientos que debemos considerar para comprender completamente la competencia cultural. En un nivel fundamental, se puede decir que la cultura refleja un patrón de normas sociales, comportamientos, instituciones y creencias que es específico de un grupo de personas. La individualidad es la forma en que todos somos diferentes. Los rasgos universales reflejan rasgos que son comunes a todas las culturas humanas conocidas en todo el mundo. Esto a veces se conoce como el universal antropológico. En otras palabras, es cómo todas las personas son iguales (por ejemplo, que todos los humanos usan alguna forma de lenguaje, que escuchamos música, que creamos arte). La cultura, como se discute en este libro, es cómo algunos de nosotros somos iguales. En otras palabras, algunos de nosotros compartimos valores y prácticas específicas. En este proceso, tenemos en cuenta que no todas las personas de un determinado origen cultural se adhieren a las normas que generalmente se atribuyen a su grupo. De hecho, las personas de un determinado grupo o nacionalidad a menudo son bastante diversas. Más adelante abordaremos lo que eso significa cuando los proveedores y otros cuidadores interactúan con sus pacientes.

Algunos modelos de competencia cultural son bastante complejos. El modelo Purnell (Purnell), por ejemplo, considera cómo la sociedad global, las comunidades, las familias y el individuo influyen en el embarazo, la nutrición, los comportamientos de alto riesgo como el consumo de drogas y tabaco, la espiritualidad, las prácticas de atención médica y muchos otros aspectos de nuestras vidas. También describe etapas y tipos de incompetencia y competencia cultural.[180] El modelo, presentado con el permiso del Dr. Purnell, es el siguiente:

Otros modelos se centran más directamente en la prestación de servicios de salud. Las múltiples formas de ver la competencia cultural tienen sus usos.[181] Para este libro, nos centramos en las interacciones directas entre proveedores y pacientes, qué pasos pueden tomar las organizaciones para promover acciones competentes y problemas globales que afectan la atención médica.

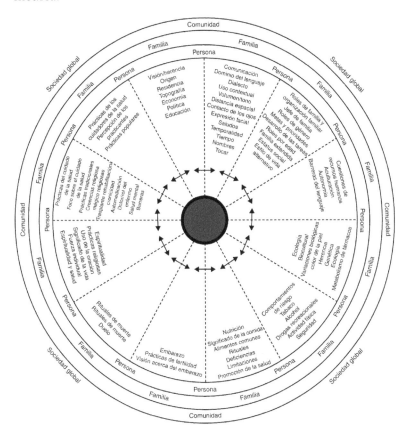

## Nivel Individual

¿Cómo los proveedores de atención medica individual se vuelven más culturalmente competentes? Nuestra investigación proporcionó algunas respuestas. Investigó qué actitudes y circunstancias facilitaron acciones culturalmente competentes entre los médicos que trataron a los mexicoamericanos.

De los factores que consideramos, 1) el solo reconocer la importancia de la cultura de un paciente en la atención médica y 2) comprender el potencial de puntos de vista sesgados estaban directamente relacionados con la competencia cultural de un médico. Además, la educación práctica que reciben los médicos es importante. El simple hecho de ver a los mexicoamericanos en la práctica clínica no garantizaba la efectividad con este grupo cultural. Pero tener una pasantía supervisada más formal o experiencia en una clínica comunitaria donde los proveedores reciben apoyo y supervisión mientras trabajan con poblaciones cultural y lingüísticamente distintas fue útil.[182] La investigación desarrolló un modelo que se presenta aquí. No es teórico, pero se verificó a través de análisis estadísticos. Si bien nuestra investigación analizó solo un grupo cultural y una enfermedad en particular, creemos que también es aplicable a muchas situaciones diferentes.

## ¿Qué predice acciones culturalmente competentes?

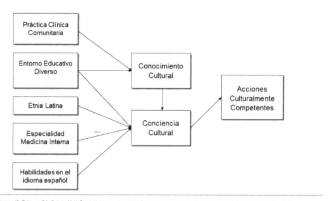

Reimann JO, Talavera GA, Salmon M, Nuñez J, Velasquez RJ. (2004) Cultural competence among physicians treating Mexican Americans who have diabetes: A structural model. *Social Science & Medicine, 59*, 2195-2205.

Aquí hay algunas consideraciones más para el trabajo de los proveedores de atención médica con pacientes culturalmente diferentes.

**Usar la autoridad de manera constructiva:** Los médicos son vistos como autoridades influyentes en la mayoría de las sociedades. Esto incluye una variedad de grupos cultural y lingüísticamente distintos. Dicha plataforma brinda a los médicos la oportunidad de dirigir a los pacientes hacia ciertos tratamientos y procedimientos de diagnóstico. Pero también pueden proporcionar educación para la salud que involucre al paciente como un socio completo en los servicios. Por ejemplo, un estudio en el que trabajó Joachim analizó a los pacientes que llegaban a una clínica comunitaria ubicada muy cerca de la frontera entre Estados Unidos y México. Preguntó a estos pacientes qué los había impulsado a hacerse algún tipo de detección de cáncer colorrectal. Las indicaciones más influyentes fueron que su médico había discutido dicha detección con ellos y que ahora tenían más conocimiento sobre el cáncer. Las preocupaciones sobre sentirse generalmente en mal estado de salud y tener seguro también contribuyeron a su decisión.[183]

**Servicios lingüísticos e interpretativos:** Es importante que los proveedores conozcan detalles sobre los intérpretes. ¿Son profesionales o familiares? ¿Los intérpretes profesionales conocen los dialectos regionales de las personas con las que trabajamos? Los intérpretes profesionales utilizan dos enfoques principales. Algunos tratan de mantener sus propias personalidades fuera del proceso tanto como sea posible. Otros también sirven como agentes culturales. Este último aclara los significados específicos y el contexto de lo que un paciente está diciendo si el proveedor no está familiarizado con dichos contextos. Esto puede ser especialmente importante en situaciones de emergencia en las que es esencial disponer de información clara e inmediata.[184]

### Ejemplo de Joachim Reimann

Durante gran parte de su carrera, mi padre, el Dr. Bernhard Reimann, trabajó en un hospital del ejército de los Estados Unidos. La instalación estaba ubicada junto a una base militar que ayudó a entrenar a elementos de las fuerzas armadas alemanas. Como inmigrante alemán, mi padre, por supuesto, entendía el idioma de estos soldados. Una noche recibió una llamada de emergencia de la instalación. Un soldado alemán había sido transportado al hospital y parecía desesperado por decirle algo importante al personal. No había otra persona disponible que hablaba alemán, así que mi padre llego al hospital en cuanto pudo. A su llegada, le preguntó al soldado qué es lo estaba tratando de decir. La respuesta fue "*Ich muss schiffen.*" Esta es una expresión coloquial que se traduce en "*Tengo que orinar, pero ya*".

Todos se rieron mucho, incluido el soldado (una vez que pudo usar el baño). Pero la situación bien podría haber sido peor si el paciente tuviera algo más crítico que decir y el intérprete disponible no supiera coloquialismos. Aun no sé por qué el soldado fue al hospital. Presumiblemente, tenía una condición médica significativa que requería tratamiento inmediato. Según tengo entendido, mi padre pudo proporcionar más traducciones que ayudaron en el proceso de diagnóstico y tratamiento.

Los estándares CLAS reconocen que a veces, cuando se necesita un intérprete, los parientes adultos son la opción más o la única viable. Sin embargo, las normas CLAS también señalan específicamente que el uso de niños o adolescentes en el papel de intérprete nunca es una buena idea. Obviamente, los niños no necesitan conocer los detalles íntimos del estado de salud de sus familiares. Es probable que esto sea embarazoso para ellos, así como para los adultos de la familia. Los niños tampoco son lo suficientemente maduros emocional e intelectualmente para manejar las responsabilidades interpretativas.

**Prácticas dietéticas:** No es de extrañar que lo que comemos tenga una influencia significativa en nuestra salud. Pero, como hemos señalado anteriormente, las dietas específicas varían de una cultura a otra. En muchos países, los alimentos y los suplementos son una parte importante de la curación tradicional. Para maximizar la efectividad del tratamiento, es importante que los proveedores de atención médica conozcan todas las sustancias, incluidas las homeopáticas, que un paciente está tomando.

**Cómo se describen los problemas:** Algunos síntomas pueden tener causas físicas o psicológicas (o ambas). Las personas que tienen un ataque de pánico, por ejemplo, tienden a experimentar un aumento de la frecuencia cardíaca, dolores en el pecho, mareos, sudoración y problemas para respirar que pueden sentirse como un ataque cardíaco.

Cuando un paciente tiene tales síntomas, es importante considerar primero las causas físicas. Pero los médicos también necesitan saber que, en algunas culturas, se considera más apropiado reconocer problemas físicos que emocionales.[185]

Los trastornos emocionales pueden ser vistos como debilidades personales y, por lo tanto, vergonzosos, tanto para la persona que los experimenta (auto estigma) como por otros (estigma público). Las suposiciones de que los problemas emocionales de un individuo implican déficits personales también pueden reflejarse mal en la familia de la persona. De este modo se evita reconocer los problemas psicológicos y hablar de ellos.[186] Sospechamos que hay pocas personas a las que les gusta reconocer los problemas de salud mental. Pero los tabúes culturales contra tales admisiones son particularmente fuertes en algunas sociedades tradicionales asiáticas, latinoamericanas y africanas.[187,188,189]

En algunos casos, la angustia emocional se ve como una parte regular de la vida en lugar de una condición conocida y tratable. Por lo tanto, tiene sentido que los proveedores de atención médica que ven por primera vez a los pacientes conozcan las actitudes culturales, exploren los síntomas en el contexto de la salud mental y hagan referencias a un especialista cuando sea apropiado. En nuestra experiencia clínica con grupos cultural y lingüísticamente distintos, los inmigrantes a menudo se presentan como teniendo dolores de cabeza y otros síntomas físicos. Pero generalmente son capaces de reconocer los síntomas psicológicos si se les pregunta sobre ellos en entornos seguros y confidenciales.

**Considere el lenguaje corporal y el habla**: Muchas prácticas sociales varían según las culturas. El contacto visual constante es, por ejemplo, visto como una muestra de interés, honestidad y compromiso en los Estados Unidos. En contraste, el contacto visual directo es visto como un signo de agresión y falta de respeto en algunos países asiáticos como Japón, Corea del Sur y China.[190] Dadas estas reacciones muy diferentes, es probable que se produzcan errores si los proveedores desconocen los matices culturales.

Los gestos también tienen diferentes significados entre culturas. Curvar el dedo índice generalmente significa "*acercarse*" en los Estados Unidos y Europa. Pero en muchos países asiáticos se considera grosero y algo que solo se hace con perros. Entendemos que hacer tal gesto en las Filipinas es tan inaceptable que puede hacer que se arreste a personas.

Los proveedores también deben ser conscientes de las diferencias culturales en la forma en que hablan las personas, qué tan animadas están en las conversaciones y qué tan cerca se acercan a otra persona. Lo que se ve como una invasión agresiva y grosera del espacio personal puede ser perfectamente normal en otra cultura.

### Ejemplo de Joachim Reimann

Si bien es bueno estar al tanto de las tradiciones culturales, también es importante entender que existe mucha diversidad dentro de cada cultura. Esto se basa en las diferencias individuales, la aculturación y una serie de otros factores. En mi práctica, he aprendido que las mujeres musulmanas, particularmente las del Medio Oriente, generalmente no dan la mano a alguien del género opuesto. El contacto físico se considera demasiado familiar e inapropiado. Más bien, ponen su mano sobre su pecho y sonríen cortésmente. Por lo tanto, no extiendo mi mano en saludo o despedida. Pero ha habido ocasiones en que una mujer, incluso con atuendo musulmán tradicional, extiende su mano y la deja allí hasta que yo la tome, incluso si he dudado en hacerlo. Bien puede ser un signo de respeto que diga: "*Estoy aculturando y respeto tus tradiciones*". Todavía no extiendo mi mano en el caso de las mujeres musulmanas. Pero no me sorprende si se acercan a mí y se ajustan a sus acciones.

**Dinámica familiar:** Los roles familiares tienden a cambiar con la inmigración y la aculturación. Los niños, que generalmente aprenden un nuevo idioma más rápido que los adultos, pueden ser llamados por miembros de la familia para interpretar para ellos. Esta responsabilidad supone una carga para los adolescentes para los que no están desarrollados ni preparados. En un entorno de atención médica, es probable que no sea apropiado conocer el historial médico y las preocupaciones actuales de los padres u otros parientes. Una familia puede llegar a un entorno de atención médica esperando que su hijo menor de edad traduzca para ellos. Esta es probablemente la forma en que la familia hace las cosas en otros lugares como la tienda de comestibles, mercados u otras experiencias. Pero en el cuidado de la salud, es mejor si el centro tiene un proveedor que habla el idioma de la familia o utiliza servicios profesionales de interpretación. Los entornos médicos forenses de los Estados Unidos, donde las evaluaciones y otros registros desempeñarán un papel en los tribunales, a menudo requieren que el intérprete esté formalmente capacitado como intérprete médico certificado. Para obtener más información sobre este tema, consulte https://www.ncihc.org/certification

**Nivel socioeconómico**: De manera similar a la dinámica familiar, el estatus socioeconómico puede cambiar (con frecuencia peor) con la migración. De repente, un médico, abogado u otro profesional está desarrollando trabajo no calificadas. Eso puede requerir algunos ajustes y probablemente afecte el acceso económico a la atención médica.

**Género**: Encontrar un proveedor que coincida con el género de un paciente a menudo es importante (por ejemplo, si se le pide al paciente que se desnude). Esto es probablemente cierto independientemente de la cultura, puede implicar tabúes religiosos o sociales especiales en algunas circunstancias. Es particularmente notable que las mujeres que han sufrido migración forzada con demasiada frecuencia han sido violadas o explotadas sexualmente en su país de origen o en su emigración a un nuevo lugar. Que se le pida que se desvista frente a un extraño o tener que contarle sobre problemas físicos puede ser especialmente difícil para las mujeres con este tipo de historial de trauma.

**Reconocer y respetar las diferencias individuales:** Los trabajadores de la salud y los proveedores ciertamente son alentados a aprender sobre las normas que varias culturas tienden a adoptar. Pero la advertencia médica común todavía se aplica de que *"el paciente es un caso de uno"* (en otras palabras, es un individuo). Si los proveedores utilizan su comprensión de las normas culturales como información de fondo, pero también recuerdan que los individuos dentro de cualquier grupo son muy diversos, pueden ser más efectivos. De lo contrario, corren el riesgo de desarrollar otro estereotipo.

**Informar a las personas sobre los servicios:** ¿Cómo informan los proveedores a las personas sobre los servicios disponibles? ¿Qué métodos funcionan mejor cuando intentamos informar a una comunidad a través de la divulgación y la educación? Informar a las personas que el tratamiento es seguro y confidencial es importante para emparejar a las personas con los proveedores de atención médica. Los proveedores en prácticas privadas individuales o pequeñas probablemente tendrán que participar en algún tipo de entrenamiento más específico. Tener miembros del personal que hablen el idioma de la comunidad es importante. Las organizaciones más grandes tendrán desafíos adicionales. Estos serán discutidos en nuestra próxima sección.

## Nivel de la Organización:

Los servicios de salud culturalmente efectivos no solo dependen de proveedores individuales. Las organizaciones, clínicas y hospitales también deben ofrecer un entorno de apoyo en el que dichos servicios puedan florecer. Algunas de las preguntas que los administradores de la organización pueden hacerse incluyen:

1. ¿Tengo servicios de capacitación profesional que enseñan y asesoran a mis proveedores y personal de apoyo? Es particularmente importante tener en cuenta que los miembros del personal de apoyo desempeñan un papel esencial en la creación de un ambiente acogedor. A menudo son los primeros en encontrarse con los pacientes y, por lo tanto, establecen el tono para una organización. El paciente cómodo tiene más probabilidades de tener interacciones productivas con sus proveedores. Por el contrario, el *"mal trato por parte de la recepcionista"* fue catalogado como uno de los nueve problemas principales que restringen el acceso a la atención en uno de nuestros estudios.[191]

2. ¿Tengo acceso a intérpretes profesionales que cubran los idiomas (incluidos los dialectos regionales) que mi organización necesita para servir a nuestra comunidad?

3. ¿Mi organización conoce el idioma específico que habla una comunidad?

> ### Un ejemplo de Joachim Reimann
>
> Hace algunos años, estaba trabajando con un anciano paciente somalí. Había recibido materiales escritos en inglés sobre un cambio en sus beneficios de seguro que no tenía sentido para él (ni para mí). Con su permiso, me puse en contacto con la entidad responsable para abordar el problema. Le expliqué la situación y se programó una conferencia telefónica. Para mantener a mi paciente, que estaría en la llamada, completamente comprometido, solicité servicios de interpretación. (podíamos hablar y entendernos hasta cierto punto en

el tratamiento. Pero no fue capaz de entender conversaciones más complejas y técnicas). Antes de la llamada, la persona que organizó la reunión me dijo con orgullo que, después de mucha búsqueda, había podido contratar los servicios de un intérprete *samoano*. En última instancia, pudimos resolver el problema. Pero ilustra cómo las cosas pueden salir mal.

4. ¿Mi organización tiene materiales escritos disponibles en varios idiomas? ¿Conozco los niveles de alfabetización que a menudo se encuentran en las comunidades a las que sirvo? Nuestro propio trabajo con la comunidad local de refugiados somalíes, por ejemplo, muestra que muchas personas que vemos no saben leer ni escribir. Además, el idioma somalí proviene de una tradición oral en la que la ortografía de algunas palabras no está completamente desarrollada. En consecuencia, la información escrita es de poca utilidad para algunas personas en esta comunidad.

5. ¿Son efectivas mis políticas de reclutamiento y retención de personal para crear una fuerza laboral calificada que refleje la comunidad a la que sirve?

6. ¿Mis proveedores están dispuestos y son capaces de coordinar la atención con los curanderos tradicionales cuando sea apropiado?

7. ¿Tiene mi organización métodos viables para verificar los resultados del tratamiento y la satisfacción del paciente para que se pueda identificar cualquier problema y se puedan realizar mejoras?[192]

Además, algunas organizaciones de atención médica han desarrollado programas culturalmente sintonizados que ayudan a las personas a controlar las enfermedades crónicas. Un ejemplo son los programas de atención de la diabetes administrados por enfermeras en los que los pacientes asisten a actividades educativas y aprenden a cuidarse a sí mismos. Su salud sigue siendo monitoreada regularmente. Pero también se vuelven más independientes.[107,193] Es importante abordar el bienestar emocional y físico en tales programas.[108]

## Nivel Internacional

Los países y regiones de nuestro mundo están cada vez más conectados a través del comercio (incluidas las corporaciones multinacionales), las alianzas políticas y muchos otros factores. Esto ha puesto de relieve la necesidad de lo que se ha descrito como competencia global.[194]

En esencia, la competencia global se compone de ciertos valores, actitudes, acciones y habilidades.[195] En términos prácticos, eso incluye el dominio de dos o más idiomas, la conciencia de las diferencias entre culturas, la comprensión de diversas perspectivas y la capacidad de trabajar profesionalmente en situaciones interculturales e internacionales. Añadiríamos que esa competencia también requiere la comprensión de que hay mucha diversidad dentro de las culturas. Como se señaló anteriormente, el grado en que las personas de una comunidad específica se adhieren a las *"normas culturales"* promedio de ese grupo varía mucho.

Dadas estas tendencias, los médicos y otros profesionales de la salud han enfatizado cada vez más la importancia de la competencia en la salud global. Esto significa comprender la salud en todos los países, las poblaciones que migran, el desplazamiento debido al cambio climático, las relaciones económicas mundiales que facilitan los viajes y, por lo tanto, la posible transmisión de enfermedades, cómo monitorear dicha transmisión para que las enfermedades emergentes puedan abordarse temprano en su desarrollo y otros factores. La competencia global en el cuidado de la salud requerirá muchas disciplinas para que los médicos y otros trabajadores de la salud puedan entenderse y trabajar entre sí hacia un objetivo común de una mejor atención médica. Esto requiere cooperación y coordinación entre los ámbitos epidemiológicos, culturales, financieros, ambientales, étnicos, políticos, de salud pública y legales. Campos específicos como la antropología médica, la psicología, la sociología, la medicina, la bioestadística y otros pueden hacer contribuciones significativas.[196,197] Se reconoce que vivimos en un mundo interconectado en el que la salud y el bienestar son globales en lugar de problemas de país en país.[198]

## DIRECCIONES PARA SEGUIR

Si bien los investigadores y los médicos han aprendido algunas cosas sobre la atención culturalmente competente, los profesionales de la salud deben comprender mucho más sobre este tema. ¿Cómo aumentamos nuestro conocimiento sobre las formas de hacer que los enfoques de servicio sean más efectivos culturalmente a nivel internacional?

**Evaluaciones de necesidades:** Una forma es pensar en nuestros métodos para llevar a cabo la investigación. Por tradición, la investigación en salud utiliza un enfoque que genera datos (números). Entonces podemos conectarlos en análisis formales estadísticos. Pero este método requiere que conozcamos las preguntas correctas por adelantado. ¿Qué sucede en el caso de poblaciones para las que existe poca investigación? Aquí hay algunas sugerencias:

A lo largo de nuestra carrera, hemos abogado por evaluaciones de necesidades que consideren varios tipos de información. Estos incluyen periódicos comunitarios y basados en la fe, sitios web centrados en la cultura y entrevistas con personas que trabajan con poblaciones específicas.[199] Los académicos tradicionales no han incluido estas fuentes porque no han sido científicamente (por pares) revisadas y aceptadas. Tales fuentes pueden, de hecho, tener agendas sesgadas. Pero en nuestra experiencia, también han aportado información sobre actitudes, necesidades, preocupaciones y percepciones legítimas de la comunidad cuando las consideramos de una manera abierta pero cuidadosa.

Al realizar la evaluación de las necesidades reales, hemos utilizado lo que a veces se denomina un enfoque de métodos mixtos.[200] Primero, obtenemos conocimiento sobre una comunidad a través de conversaciones estructuradas pero abiertas con sus miembros. Luego, esta información identifica preguntas específicas que los estudios posteriores deben hacer que utilicen métodos cuantitativos (por ejemplo, cuestionarios que pueden analizarse estadísticamente).[199]

Las evaluaciones de necesidades están diseñadas para traer cambios que mejoren los servicios de atención médica a varias comunidades. Durante uno de nuestros proyectos, visualizamos los pasos que pueden conducir a dicho cambio.[191] El gráfico es el siguiente:

Los resultados de la evaluación de necesidades conducen a la "*fase dos*". Esto está diseñado para educar a la comunidad sobre los servicios de atención médica y proporcionarles una red de referencia de proveedores que se sabe que entienden su cultura específica y sus experiencias comunes de inmigración. También capacita a proveedores de atención médica, educadores, personal encargado de hacer cumplir la ley y otras personas que entran en contacto frecuente con una comunidad sobre enfoques culturalmente competentes.

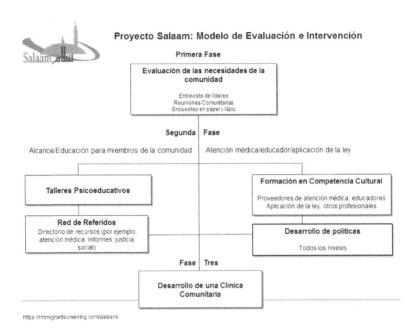

Proyecto Salaam: Modelo de Evaluación e Intervención

**Primera Fase**

Evaluación de las necesidades de la comunidad

Entrevista de líderes
Reuniones Comunitarias
Encuestas en papel y lápiz

**Segunda | Fase**

Alcance/Educación para miembros de la comunidad | Atención médica/educador/aplicación de la ley

**Talleres Psicoeducativos**

**Formación en Competencia Cultural**

Proveedores de atención médica, educadores
Aplicación de la ley, otros profesionales

**Red de Referidos**
Directorio de recursos (por ejemplo, atención médica, informes, justicia social)

**Desarrollo de políticas**

Todos los niveles

**Fase | Tres**

**Desarrollo de una Clínica Comunitaria**

https://immigrantscreening.com/salaam/

Una posible "*fase 3*" implica comenzar una clínica comunitaria que tenga experiencia particular en una población inmigrante. Existen riesgos y beneficios potenciales para esta idea. Un riesgo es que otros sistemas de salud decidan que una población específica será atendida exclusivamente por la clínica especializada. Esta complacencia puede resultar en una disminución de los esfuerzos para comprender y ser competente en el trabajo con la comunidad. Pero tal clínica también puede servir como un modelo de mejores prácticas que otros emulan. He aquí un ejemplo.

**Combinando investigación y tratamiento:** Una de las instalaciones que creemos que sirve como un buen modelo de servicio de salud es el Access Community Health & Research Center en Dearborn, Michigan, EE. UU.[201] El Centro combina el tratamiento basado en la comunidad con la investigación y tiene experiencia particular en el servicio a los estadounidenses de origen árabe. Se asocia con universidades para el componente de investigación. Además, integra la salud mental, general, dental, ambiental y pública en un sistema cohesivo. Luego, los investigadores prueban el sistema de varias maneras, y el centro utiliza los resultados de la investigación para mejorar sus servicios. Este no es un evento de una sola vez, sino un proceso continuo que refina continuamente la efectividad de la organización.

## Cooperación internacional

La pandemia de COVID-19 nos ha demostrado claramente que el mundo necesita una mejor manera de comprender, rastrear e intervenir en las enfermedades contagiosas emergentes. La historia también nos ha enseñado que COVID-19 no será la última pandemia. En julio del 2022, la Organización Mundial de la Salud, por ejemplo, declaró que la propagación de una enfermedad viral llamada viruela símica era una emergencia de salud pública mundial.[202] Hasta la fecha, no se sabe que la viruela símica sea tan mortal o fácil de propagar como COVID-19. Pero su difusión nos alerta sobre la necesidad continua y creciente de coordinación internacional y asignación de recursos sanitarios. Hacia finales del 2022, la Organización Mundial de la Salud también señaló que la gripe se ha propagado entre varios países, particularmente en el hemisferio norte. Esto, una vez más, pone de relieve la necesidad continua de cooperación mundial en torno a la salud y la enfermedad.

Una preocupación es si los países tienen o no la capacidad de personal y la infraestructura para prevenir y tratar las enfermedades emergentes. Un suministro adecuado de trabajadores de la salud es un elemento importante en ese proceso. El déficit de trabajadores de la salud en ciertos países no es nada nuevo. La escasez de enfermeras, por ejemplo, contribuyó al desarrollo del Programa de Visitantes de Intercambio de los Estados Unidos, que esencialmente importó enfermeras de las Filipinas a partir de la década de los 1960s.[203] El programa no se limita a la enfermería y continúa mientras escribimos este libro. Además de las enfermeras, las visas de visitante de intercambio están disponibles para médicos, profesores, investigadores académicos, estudiantes, aprendices, pasantes y personas en otras clasificaciones.

Si bien tales iniciativas son útiles, el proceso de tener credenciales de atención médica aceptadas internacionalmente aún está lejos de ser fácil. A veces incluso es difícil moverse a través de las fronteras estatales en un solo país. Nosotros, por ejemplo, sabemos que sería más fácil transferir nuestra licencia de psicología de California a Nueva Zelanda que transferirla a muchos otros estados dentro de los Estados Unidos. Este es un problema obvio y extraño. Tales barreras no se limitan a los Estados Unidos, como se muestra en el siguiente ejemplo.

### Ejemplo de Dolores Rodríguez-Reimann

Recientemente, nuestros contactos en Tijuana, México, nos dijeron que se habían encontrado con empresas alemanas que estaban reclutando allí a trabajadores de la salud. Teníamos curiosidad y le dimos seguimiento al informe. Efectivamente, la información que encontramos mostró que centros de salud como el Hospital Universitario Charité de Berlín (Charité – Universitätsmedizin Berlin, una de las instalaciones más grandes y prestigiosas de Europa), habían reclutado enfermeras y

idadores mexicanos que ahora trabajaban en instalaciones alemanas (Deutsche Welle).[204]

Estos esfuerzos han sido impulsados por una escasez
en Alemania de enfermería a largo plazo, sustancial y
continua. Se han realizado esfuerzos para facilitar la
aceptación de enfermeras formadas en el extranjero
(Maaroufi). Pero los problemas continúan. Por ejemplo, Thomas Krakau, jefe de enfermería de un grupo
hospitalario, ha sido citado diciendo que es necesario
desarrollar un sistema nacional para aceptar credenciales extranjeras. Además, expresó la preocupación de que
los estados alemanes tengan sus procedimientos individuales que dificultan la contratación de trabajadores
extranjeros y desperdician recursos administrativos.

Afortunadamente, la pandemia de COVID-19 nos ha
demostrado que las barreras tradicionales que limitan
ejercer su profesión a los trabajadores de la salud nacidos en el extranjero en un nuevo país pueden superarse.
Impulsadas por la pandemia, muchas jurisdicciones
redujeron las restricciones a los trabajadores de la salud
formados y nacidos en el extranjero en países de altos
ingresos para hacer frente mejor a la crisis. Algunos
informes dijeron que los trabajadores de la salud incluso
habían sido trasladados a países muy afectados desde
el extranjero (por ejemplo, médicos chinos, cubanos y
albaneses fueron enviados a Italia). Los médicos refugiados sin licencias locales fueron llamados en Alemania
y su inmigración se aceleró en el Reino Unido. En los
Estados Unidos, la ciudad de Nueva York permitió que
los médicos entrenados en el extranjero trabajaran. No
hemos visto nada que demuestre que estos proveedores

son menos competentes que sus contrapartes locales. En todo caso, se ha informado que, en los Estados Unidos, los médicos formados en el extranjero son demandados con menos frecuencia que aquellos que han recibido sus títulos de las escuelas de medicina de los Estados Unidos.[206]

Está claro que los gobiernos necesitan aumentar la disponibilidad mundial de profesionales de la salud a través de acuerdos de capacitación mutua entre naciones. Esto permitiría a las universidades enseñar a los proveedores las necesidades y circunstancias específicas de más de un país. Uno de estos modelos es presentado por la Global Skills Partnership.[207] Este enfoque aborda una amplia variedad de ocupaciones, incluida la atención médica. Permite la distribución de una fuerza laboral donde más se necesita. Los países se unen para proporcionar tecnología y financiamiento integrados. En diciembre de 2018, 163 países adoptaron el Pacto Mundial para la Migración. Las Asociaciones Globales de Habilidades son la única idea de política específica incluida en este acuerdo. En general, la asociación consta de 6 dimensiones principales. Estos son:

1. Aborda las futuras presiones migratorias (por ejemplo, la integración de profesionales extranjeros en los países de acogida). Tales presiones migratorias probablemente incluirían las resultantes de pandemias y otros desafíos para los sistemas de salud. Los planes también pueden identificar formas de disminuir cualquier fuga resultante de empleados calificados en los países de origen.

2. Involucra a empleadores en países anfitriones y de origen que identifican y capacitan para habilidades específicas. Esto mejora la curva general de aprendizaje de los

trabajadores de la salud y acelera su acceso a las poblaciones más necesitadas.

3. Puede formar asociaciones público-privadas para capacitar eficazmente a las personas para ocupaciones semicualificadas (por ejemplo, cuidadores) que no requieren títulos universitarios.

4. Puede crear o mejorar conjuntos de habilidades de los trabajadores antes de que las personas migren.

5. Puede integrar la formación de los migrantes con la formación de los no migrantes en el país de origen. Si bien ese proceso aborda diferentes necesidades, también puede fomentar un aprendizaje más amplio entre ambos grupos.

6. Puede mejorar la flexibilidad para que, idealmente, las habilidades se adapten a las necesidades específicas del país de origen y del país anfitrión.

Estos esfuerzos representan el comienzo de un proceso continuo. Para tener éxito, requerirán que los gobiernos y las organizaciones profesionales reconsideren ideas, políticas y leyes de larga data. Tan malas como son las emergencias de atención médica, sacan a la luz las debilidades de los sistemas y regulaciones de salud actuales, lo que indica un llamado al cambio y, por lo tanto, posibles mejoras.

Ciertamente, los profesionales de la salud deben cumplir con ciertos estándares académicos y clínicos para garantizar la salud y seguridad del paciente. Pero ya no podemos asumir que, que solo porque los proveedores recibieron títulos en un país extranjero, están inadecuadamente capacitados y calificados. Sus habilidades pueden ser probadas, pero no deben descartarse automáticamente. Si son competentes, su experiencia internacional, incluidas las habilidades lingüísticas, pueden mejorar la capacidad de las comunidades de inmigrantes para recibir atención de primera clase.

Además, la información sobre enfermedades infecciosas emergentes debe compartirse entre los países en tiempo real. Esto ayuda a aliviar el sufrimiento humano en todo el mundo.

La educación comunitaria mediante el uso responsable de los medios de comunicación tradicionales y sociales es una herramienta poderosa para limitar el impacto de las pandemias.[208] La distribución de información precisa sobre las enfermedades y las formas de prevenirlas tiene el potencial de cambiar los comportamientos a aquellos que fomentan la salud.[209] Sin embargo, esto requerirá una educación pública en la que los medios de comunicación sean confiables.

# EPÍLOGO

Como hemos dicho a lo largo de nuestros libros de esta serie, nuestro objetivo es proporcionar y explicar información que no está ampliamente distribuida más allá del mundo de la investigación académica y la teoría.

Como también hemos señalado, los inmigrantes que provienen de países en desarrollo o devastados por la guerra son más susceptibles a ciertas enfermedades y condiciones médicas. Al mismo tiempo, a menudo traen consigo hábitos saludables que les sirven bien en sus nuevos entornos. En general, los investigadores del Centro de Salud Humanitaria de la Escuela de Salud Pública Johns Hopkins concluyen que los migrantes comúnmente contribuyen más a su país de adopción de lo que cuestan.[65] Esto se ha destacado recientemente por su trabajo en la primera línea de la pandemia de COVID-19.

En lugar de preocuparnos de que los inmigrantes traigan enfermedades con ellos, podemos reconocer los beneficios que proporcionan. Sobre este tema, el Dr. Paul Spiegel de la Universidad Johns Hopkins ha sido citado diciendo: *"No son los migrantes o la migración en sí la que está propagando enfermedades. Pueden ser las situaciones en las que se encuentran y la falta de acceso a la atención básica lo que puede exacerbar la situación"*.

En este libro identificamos las necesidades y problemas de atención médica que pueden afectar a algunos grupos de inmigrantes. Pero quizás lo más importante es que buscamos proporcionar soluciones que maximicen las contribuciones que los inmigrantes pueden hacer al tiempo que reducen cualquier angustia que enfrenten.

Nuestras propias historias familiares y personales ilustran las conexiones frecuentes entre los servicios de salud y la inmigración que pueden abarcar generaciones. El padre de Joachim, un inmigrante de Alemania era un biólogo con formación médica que pasó más de veinte años trabajando en un hospital estadounidense. Allí fue una de las primeras personas que aplicó pruebas con un microscopio electrónico para ayudar a diagnosticar a los pacientes. Con el tiempo, esta práctica se ha establecido.[210] Al jubilarse, el padre de Joachim creó un sistema de agua potable basado en la biología que ayudó a reducir la posibilidad de enfermedad en una pequeña comunidad rural. También desempeño un papel decisivo en traer un número de emergencia 911 mejorado a su comunidad. La madre de Joachim también fue médica tecnóloga.

Uno de los abuelos de Dolores aprendió muchas tradiciones curativas en México y continuó usándolas para ayudar a otros una vez que emigró a los Estados Unidos. La madre de Dolores trabajó en un asilo de ancianos durante más de diez años. Sus ejemplos nos inspiraron a convertirnos en psicólogos e investigadores de salud pública.

Sospechamos que tales tradiciones están lejos de ser únicas. Las variaciones de nuestra historia se repiten en muchas familias inmigrantes. Tampoco se limitan al ámbito de la salud.

Muchas tradiciones, incluidas las de la atención médica, están muy arraigadas. Es probable que cambiarlos sea difícil y requerirá una defensa persistente. Pero los individuos, los sistemas de salud, las organizaciones de servicios comunitarios y las organizaciones no gubernamentales (ONG) internacionales pueden ayudar. Las ONG, por ejemplo, tienen un historial de defensa de una serie de cuestiones sociales. Esto incluye la oportunidad de utilizar varios medios de comunicación social y otras tecnologías para informar a las personas.[211] Algunos de ellos se han centrado específicamente en la salud.[212] Esperamos que estos esfuerzos continúen. También esperamos que nuestros libros señalen algunas de las cosas que podemos hacer para comprender mejor las necesidades de salud de los inmigrantes y mejorar los servicios.

# GLOSARIO

**Achaparramiento** La Organización Mundial de la Salud define el retraso en el crecimiento como "el deterioro del crecimiento y el desarrollo que experimentan los niños debido a una nutrición deficiente, infecciones repetidas y estimulación psicosocial inadecuada. Desafortunadamente, este es un problema común en las poblaciones que han estado expuestas a la guerra y otros factores extremadamente estresantes.

**Aculturación** Se define generalmente como la modificación cultural y la adaptación de un individuo, grupo o pueblo mediante el aprendizaje y la integración de rasgos y normas de otra cultura. La aculturación no es un concepto único para todos, ya que puede tomar muchas formas.

**Antibióticos** son medicamentos que tratan infecciones bacterianas. Pueden dificultar que las bacterias crezcan y se multipliquen, y pueden matar las bacterias por completo. Hay varios grupos de antibióticos. Es importante saber esto, ya que algunas personas son alérgicas a un antibiótico específico (por ejemplo, penicilina) pero pueden tomar otro tipo sin problemas. Los antibióticos más comunes son amoxicilina y amoxicilina/ácido clavulánico. La Organización Mundial de la Salud los considera el tratamiento de primera o segunda línea. Los antibióticos de amplio espectro (otra clasificación de la familia de medicamentos) son útiles en el tratamiento de una variedad de infecciones bacterianas. Pero estos también pueden aumentar la posibilidad de que se desarrollen bacterias resistentes a los medicamentos. Finalmente, hay un grupo de *"reserva"* de antibióticos diseñados para tratar infecciones específicas donde las bacterias resistentes a los medicamentos han causado que los medicamentos más comúnmente utilizados se vuelvan ineficaces. Los antibióticos no tratan las infecciones virales (aunque los médicos pueden darle un antibiótico si tiene una infección viral porque no quieren que se desarrolle una infección bacteriana secundaria). El uso adecuado de antibióticos es esencial porque hacer lo contrario puede causar que se desarrollen más bacterias resistentes a los medicamentos. Eso nos privaría de una herramienta importante en la lucha contra enfermedades importantes y a veces potencialmente mortales como la tuberculosis. Es particularmente importante que los pacientes tomen todos los antibióticos que su médico le ha recetado, incluso después de que comiencen a sentirse mejor.

**Ayurveda** es un arte curativo de la India. Utiliza un enfoque holístico que incorpora hierbas, sustancias derivadas de animales, metales y minerales. Estos se combinan con dietas tradicionales, ejercicio yóguico, meditación, amuletos y mejoras en el estilo de vida.

**Calentamiento Global** se refiere a los aumentos en las temperaturas de la superficie de la Tierra a lo largo del tiempo. Se ha relacionado tanto con eventos "*naturales*" (como la erupción del volcán) como con actividades humanas. Las causas relacionadas con nuestra población humana incluyen la deforestación comercial, las emisiones de vehículos motorizados (dióxido de carbono y otras toxinas), los clorofluorocarbonos, el desarrollo industrial general, las prácticas agrícolas que crean dióxido de carbono y gas metano, y la superpoblación general.

**Competencia Cultural** La Oficina de Salud de las Minorías de los Estados Unidos define la "*competencia cultural*" como "*tener la capacidad de funcionar eficazmente como individuo y organización dentro del contexto de las creencias, comportamientos y necesidades culturales presentadas por los consumidores y sus comunidades*". A nivel internacional, la investigación y la promoción de la competencia cultural también hacen hincapié en la salud mundial. Como tal, se esfuerza por comprender las interconexiones entre las regiones, los grupos culturales, el cambio climático, los ecosistemas y las realidades políticas a medida que afectan la salud y el bienestar.

**Competencia Global** Se refiere a una combinación de conocimientos, habilidades y otras capacidades que permite a las personas navegar con éxito los desafíos interculturales e internacionales.

Las personas que son global y culturalmente competentes dominan al menos dos idiomas, son conscientes de las diferencias y similitudes que existen entre las culturas, entienden la diversidad que existe dentro de las culturas, entienden diversas perspectivas y pueden funcionar a nivel profesional en situaciones interculturales e internacionales. Para obtener más información sobre la competencia global, consulte: https://www.girlbossmath.com/uploads/1/1/7/5/117585876/nea_global_imperative.pdf

**Consumo de Tabaco** implica muchos productos diferentes. Estos incluyen cigarrillos, cigarros, tabaco de mascar (salsa, rapé), tabaco soluble,

shisha (que combina tabaco y productos de frutas o verduras que se fuman
con un narguile) y tabaco de pipa. El uso de productos de tabaco se ha relacionado con una multitud de enfermedades y condiciones de salud. Estos
incluyen cáncer de pulmón, laringe, esófago, enfermedad pulmonar obstruc-
tiva crónica (EPOC), bronquitis crónica y enfisema, por nombrar algunos.
Algunos productos de tabaco o dispositivos para fumar relacionados (por
ejemplo, vapear) han afirmado ser médicamente seguros. Pero la investigación muestra que tales afirmaciones no son precisas

**Curanderismo** es una práctica de curación tradicional que se originó en
América Latina (particularmente México). Un curandero se especializa en
hierbas, aguas y enfoques espirituales, masajes, oración y otros métodos
para tratar enfermedades físicas, emocionales, mentales y presuntamente
*espirituales*. El curanderismo tiende a mezclar elementos religiosos nativos
y católicos. Se cree que partes de esta práctica reflejan Medicina Europea
Siglo 16ésimo.

**Diabetes Tipo 2** es una enfermedad crónica que tiene que ver con la
forma en que su cuerpo produce o usa la insulina. La insulina es una hormona que regula la cantidad de glucosa (azúcar) en la sangre. Con la diabetes, su cuerpo no produce suficiente insulina (tipo 1) o no la usa como normalmente debería. Los síntomas comunes incluyen mucha sed, la necesidad
de orinar con frecuencia, hambre, sensación de mucho cansancio y visión
borrosa. Pero también hay casos en los que, al menos al principio de la enfermedad, las personas no tienen ningún síntoma en absoluto. Algunos grupos étnicos tienen un riesgo particular de contraer diabetes tipo 2. Estos
incluyen nativos americanos, personas de origen latinoamericano, negros,
nativos hawaianos, isleños del Pacífico, árabes y asiáticos americanos.

No existe una cura conocida para la diabetes tipo 2. Pero la buena noticia
es que un gran proyecto llamado Programa de Prevención de la Diabetes
mostró que las personas pueden evitar contraer la enfermedad si incluyen
una dieta saludable y actividades físicas en su estilo de vida.

**Dolor** implica sufrimiento físico, generalmente causado por una enfermedad o lesión. Hay varios tipos de dolor conocidos. El dolor nociceptivo
implica daño tisular por moretones, quemaduras u otras lesiones. El dolor
neuropático es causado por problemas con el sistema nervioso debido a una
lesión o enfermedad (por ejemplo, síndrome del intestino irritable, fibromialgia y dolores de cabeza crónicos). El dolor también puede considerarse

agudo o crónico. Se vuelve crónico cuando dura tres o más meses. En algunos casos, el dolor nos alerta sobre lesiones físicas existentes. Eso puede llevarnos a lidiar con la causa subyacente. Pero en algunos casos, especialmente cuando es crónico, no aporta ningún beneficio práctico a nuestra supervivencia. El dolor puede conducir a dificultades psicológicas. Comprensiblemente, el dolor crónico y no resuelto puede provocar ansiedad, frustración y depresión.

**Dualismo Mente-Cuerpo** adopta la posición de que los fenómenos mentales no son físicos o que la mente y el cuerpo son distintos y separados. Ha sido discutido por muchos filósofos, pero está especialmente relacionado con René Descartes.

**Enfermedad por el virus Corona (COVID-19)** es una enfermedad infecciosa causada por el virus SARS-CoV-2. Se sabe que afecta particularmente los pulmones, pero también puede causar daño a otras partes del cuerpo. El virus puede propagarse desde la boca o la nariz de una persona infectada en pequeñas partículas líquidas al toser, estornudar, hablar, cantar o respirar.

La mayoría de las infecciones por COVID-19 producen síntomas medios a moderados. Pero algunas personas se enfermarán gravemente, requerirán hospitalización e incluso pueden morir. Las personas mayores y las personas con afecciones como enfermedades cardiovasculares, diabetes, enfermedades respiratorias crónicas o cáncer corren mayor riesgo de enfermarse gravemente. Pero cualquier persona puede enfermarse con COVID-19 e incluso morir independientemente de su edad o historial médico.

**Estatus Socioeconómico** se refiere a la posición social de un individuo o grupo. Tiende a considerar la educación, los ingresos y el estatus social de la ocupación de una persona. El estatus socioeconómico puede sufrir un cambio radical cuando las personas inmigran. Por ejemplo, los médicos, abogados y otros profesionales educados y licenciados en su país de origen pueden no tener esas credenciales aceptadas en su nuevo hogar.

**Estrés de Aculturación** Se refiere a los desafíos psicológicos involucrados en la adaptación a una nueva cultura. Este estrés puede ser significativo, especialmente cuando la aculturación implica cambios importantes en la vida, como aprender un nuevo idioma, reducir el estatus socioeconómico, enfrentar la discriminación en un nuevo país, etc. El estrés por aculturación ha sido reconocido como un área de preocupación clínica en la Clasificación Internacional de Enfermedades, Décima Revisión, (CIE-10) y el Manual

Diagnóstico y Estadístico de los Trastornos Mentales, Quinta Edición (DSM-5).

Además, el estrés por aculturación puede tener un impacto negativo en la salud física y el bienestar y se ha relacionado con las visitas al departamento de emergencias por problemas como asma, insomnio y sentimientos generales de mala salud.

**Inseguridad Alimentaria** se refiere a la disponibilidad limitada o incierta de alimentos adecuados e inocuos. La falta de alimentos adecuados puede conducir a una serie de condiciones médicas, psicológicas y de desarrollo graves.[213] Para más información sobre la inseguridad alimentaria, véase: https://www.healthaffairs.org/doi/epdf/10.1377/hlthaff.2015.1257

**Lesiones Anogenitales (AGI)** es una lesión a los órganos sexuales masculinos o femeninos, a veces debido a una violación y otra violencia sexual. La mayoría, pero no todas las lesiones de este tipo están fuera del cuerpo. Algunos requieren cirugía.

**Lesiones Industriales** son aquellas que son causadas por un accidente en el trabajo o que están relacionadas con el tipo de trabajo que la persona realiza. Pueden ser físicos, psicológicos o una combinación de ambos. Por ejemplo, un trabajador que fue víctima de un crimen violento puede sufrir tanto una lesión física como un trauma psicológico. En algunos casos, una lesión industrial también puede exacerbar un problema médico que el trabajador lesionado tenía antes de sufrir un accidente de trabajo o factor estresante.

**Medicina Tradicional Árabe e Islámica (TAIM)** utiliza hierbas, terapias espirituales, prácticas dietéticas, prácticas mente-cuerpo y técnicas de manipulación física. TAIM incorpora prácticas chinas, persas y ayurvédicas (indias) y, a veces, se usa en combinación con la medicina moderna para tratar la infertilidad y otras afecciones médicas.

**Medicina Tradicional China (MTC)** a menudo combina acupuntura, Tai Chi, masajes, recomendaciones de alimentos equilibrados y hierbas. Se utiliza para tratar el dolor y una variedad de enfermedades.

**Migraciones** El diccionario de Cambridge define las migraciones como *"el proceso en el cual grandes cantidades de personas que viajan a un nuevo lugar para vivir."*

**Modelo de Creencias en Salud (HBM)** es una construcción social/psicológica que busca explicar y predecir acciones relacionadas con la salud. El

HBM sugiere que las creencias de las personas sobre los problemas de salud, los beneficios percibidos de la acción, las barreras para dicha acción y la autoeficacia explican por qué participarán o no en comportamientos saludables. Nuestra investigación ha revelado que las distintas partes de HBM son importantes. Pero la forma en que se conectan e interactúan entre sí puede variar de una cultura a otra.

**Pandemia** implica la propagación mundial de una nueva enfermedad. En la actualidad, las enfermedades virales tienen más probabilidades de causar una pandemia. En contraste, una epidemia se define como una condición de salud preocupante que se desarrolla en una comunidad o región, pero no se propaga más.

**Promotora** (también conocido como Trabajador de Salud Comunitario) suele ser un miembro y líder de la comunidad latina autodidacta que brinda consejos de salud en el vecindario. Esta ha sido una tradición común durante algún tiempo. Muchos investigadores y proveedores profesionales ahora buscan promotoras porque conocen bien su comunidad. A menudo se capacitan a estas personas en salud pública y las emplean como enlaces para difundir la información necesaria sobre prevención, tratamiento y servicios relacionados. El concepto básico de un trabajador de salud comunitario no se limita a los latinos. Nosotros (Dolores y Joachim) hemos utilizado un enfoque similar con las poblaciones de Oriente Medio y África Oriental. Por lo tanto, creemos que este enfoque básico puede ser efectivo en múltiples comunidades y poblaciones diferentes.

**Salud Global** es una disciplina que incorpora aspectos de salud pública, medicina tropical y muchas otras disciplinas. Su objetivo principal es mejorar y obtener igualdad de acceso a la salud para todas las personas de nuestro planeta abordando los problemas y soluciones de salud global a través de la colaboración mundial de personas, organizaciones y gobiernos.

**Salud Pública** se define generalmente como un campo de estudio y práctica que busca mejorar la salud de los individuos y las comunidades. Esto incluye la prevención de enfermedades y la promoción de la salud. En el mundo académico, la salud pública es un área interdisciplinaria que incluye investigadores de una variedad de áreas relevantes (por ejemplo, epidemiología, salud ambiental, ciencias sociales, salud comunitaria). La investigación de salud pública hace esfuerzos para definir el impacto de ciertos problemas (por ejemplo, el humo de tabaco ambiental) e identificar formas basadas en la evidencia en las que las personas pueden mejorar su bienestar. En la práctica, los trabajadores de salud pública utilizan enfoques que ayudarán a las personas y las sociedades a cambiar su comportamiento y volverse más saludables. Algunos ejemplos son compartir información sobre vacunas y campañas contra el tabaquismo.

**Trastornos Autoinmunes** son aquellos en los que el sistema inmunológico del cuerpo esencialmente destruye por error el tejido corporal sano. Los ejemplos incluyen artritis reumatoide y otras formas de artritis, y la esclerosis múltiple.

**Trauma** puede incluir lesiones físicas, angustia psicológica o en algunos casos la combinación de ambos. El trauma físico se refiere a una lesión clínicamente grave al cuerpo. La mayoría de las veces, esto se divide en "trauma de fuerza contundente" cuando algo golpea, pero no necesariamente penetra en el cuerpo. Esto puede causar conmociones cerebrales, huesos rotos y lesiones similares. "Trauma penetrante" se refiere a circunstancias en las que algún objeto ha perforado la piel del cuerpo, lo que generalmente resulta en una apertura de voluntad. El trauma psicológico se refiere a trastornos cognitivos y emocionales que pueden surgir de uno o más eventos angustiantes (por ejemplo, guerra, violencia doméstica, accidentes automovilísticos e industriales, abuso sexual y explotación). Experimentar directamente o incluso presenciar tales eventos a menudo causa un estrés abrumador que la persona no puede soportar. En muchos incidentes, el trauma físico y psicológico ocurren juntos. Además, algunas personas experimentan un "trauma acumulativo" que involucra no uno, sino un conjunto prolongado de eventos dañinos. Además, el "trauma generacional" (también llamado a veces trauma intergeneracional) implica la transmisión generacional de los efectos opresivos o traumáticos de un evento pasado. Para obtener más información sobre el trauma generacional, consulte: https://michaelgquirke.com/recognize-these-intergenerational-trauma-signs-symptoms/

**Tuberculosis (TB)** es una infección bacteriana contagiosa que generalmente ataca los pulmones. Pero también puede propagarse al cerebro, la columna vertebral y otras partes del cuerpo. La bacteria involucrada es *Mycobacterium tuberculosis*. La mayoría de la tuberculosis se puede curar con antibióticos. Pero existe la preocupación de que el uso excesivo de tales medicamentos resulte en TB resistente a múltiples medicamentos, lo que hace que el tratamiento sea mucho más difícil. Cuando alguien está infectado con *Mycobacterium tuberculosis*, pero no tiene TB activa, la afección se llama tuberculosis latente (LTB).

**Vacunas** son medicamentos diseñados para estimular la respuesta inmunitaria del cuerpo contra las enfermedades. Como tales, están diseñados para evitar que una enfermedad ocurra (o empeore) en lugar de tratar una enfermedad existente. Como lo demostró recientemente la pandemia de COVID-19, algunas personas dudan en usar vacunas, creyendo que son potencialmente dañinas. Como casi cualquier intervención médica, las vacunas pueden tener efectos secundarios negativos. Pero el verdadero problema es si esos efectos secundarios superan el daño potencial (incluida la muerte) que puede causar una enfermedad.

# REFERENCIAS

1. Abramitzky R. Boustan L. *Streets of Gold: America's Untold Story of Immigrant Success.* New York: Public Affairs.
2. Tayaben JL, Younas A. Call to action for advocacy of immigrant nurses during the COVID-19 pandemic. *Journal of Advanced Nursing.* 2020 Sep;76(9):2220-2221.
3. Shaffer FA, Bakhshi MA, Cook KN, Álvarez TD. The Contributions of Immigrant Nurses in the U.S. During the COVID-19 Pandemic: A CGFNS International Study. *Nurse Leadership.* 2021 Apr;19(2):198-203.
4. New American Economy Research Fund. *Building America: Immigrants in Construction and Infrastructure-Related Industries.* 09/03/2020. https://research.newamericaneconomy.org/report/ covid19-immigrants-construction-infrastructure/
5. European Commission. *Immigrant Key Workers: Their Contribution to Europe's COVID-19 Response.* 04/24/2020. https://ec.europa.eu/migrant-integration/library-document/ immigrant-key-workers-their-contribution-europes-covid-19- response_en
6. Littman RJ. Littman ML. Galen and the Antonine Plague. The *American Journal of Philology.* 1973, 94 (3):243–255.
7. Paul Rincon P. *Hun migrations linked to deadly Justinian Plague.* BBC News, 05/10/2018. https://www.bbc.com/news/ science-environment-44046031
8. Thornton R, *American Indian Holocaust and Survival:* A Population History Since 1492. 1987 Norman: University of Oklahoma Press.
9. Barnett ED, Walker PF. Role of immigrants and migrants in emerging infectious diseases. *Medical Clinics of North America.* 2008 Nov;92(6):1447-58, xi-xii.
10. Soto SM. Human migration and infectious diseases. *Clinical Microbiology and Infection.* 2009 Jan;15 Suppl 1(Suppl 1):26-8.

11. Bhattacharya M, Dhama K, Chakraborty C. Recently spreading human monkeypox virus infection and its transmission during COVID-19 pandemic period: A travelers' prospective. *Travel Medicine and Infectious Disease.* 2022 Sep-Oct;49:102398

12. United States Drug Enforcement Agency. s. Rohypnol. https://www.dea.gov/factsheets/rohypnol

13. Centers for Disease Control and Prevention. *BCG-Vaccine Fact Sheet.* https://www.cdc.gov/tb/publications/factsheets/prevention/bcg.htm

14. National Institutes of Health. H-1B and O-1 Comparison Chart. 07/2020. https://ors.od.nih.gov/pes/dis/AdministrativeStaff/Documents/hocomparisonchart.pdf

15. Institute of Migration, World Migrant Report, 2022. https://worldmigrationreport.iom.int/world-migration-report-2022-selected-infographics

16. Batalova J. Top Statistics on Global Migration and Migrants. Migration Policy Institute. 07/21/2022. https://www.migrationpolicy.org/article/top-statistics-global-migration-migrants

17. Byju's the Learning App. Global Warming. https://byjus.com/biology/global-warming/

18. Rossati A. Global Warming and Its Health Impact. *International Journal of Occupational and Environmental Medicine.* 2017 Jan;8(1):7-20

19. McDonnell, T. *The Refugees the World Barely Pays Attention To.* National Public Radio. 06/20/2018.19. https://www.npr.org/sections/goatsandsoda/2018/06/20/621782275/the-refugees-that-the-world-barely-pays-attention-to

20. The Nansen Initiative. Disaster-Induced Cross-Border Displacement. 12/2015. https://disasterdisplacement.org/wp-content/uploads/2015/02/PROTECTION-AGENDA-VOLUME-1.pdf

21. World Health Organization, Nutrition, Stunting in a nutshell. 11/19/2015. https://www.who.int/news/item/19-11-2015-stunting-in-a-nutshell

22. United Nations Children's Fund (UNICEF): Malnutrition: Afghanistan's silent emergency. https://www.unicef.org/afghanistan/nutrition

23. Lyall, N & Shaar K. Three signs of impending famine in Syria absent immediate action. MEI@75 operations and Policy Center, 12/10/2021.
https://www.mei.edu/publications/
three-signs-impending-famine-syria-absent-immediate-action

24. The Food and Agriculture Organization of the United Nations, & The World Food Programme. (2021, July 30). *Hunger Hotspots: FAO-WFP early warnings on acute food insecurity* (August to November 2021 outlook).

25. Heller, S. Twelve Million Syrians Now in the Grip of Hunger, Worn Down by Conflict and Soaring Food Prices," World Food Programme (WFP), 17 February 2021. https://www.wfp.org/news/twelve-million-syrians-now-grip-hunger-worn-down-conflict-and-soaring-food-prices

26. Delgado, C, Smith, D, Stockholm International Peace Research Institute. 2021 Global Hunger Index: Hunger and Food Systems in Conflict Settings.
https://www.globalhungerindex.org/pdf/en/2021.pdf

27. World Vision. *Forced to flee: Top countries refugees are coming from.* 06/18/2021.
https://www.worldvision.org/refugees-news-stories/
forced-to-flee-top-countries-refugees

28. Gavazzi G, Herrmann F, Krause KH. Aging and infectious diseases in the developing world. *Clinical Infectious Diseases.* 2004 Jul 1;39(1):83-91.

29. Worldometers. *Countries where COVID-19 has spread.* 01/05/2023.
https://www.worldometers.info/coronavirus/
countries-where-coronavirus-has-spread/

30. Cohn D'V, Horowitz JM, Minkin R, Fry R, Hurst K. *The demographics of multigenerational households.* Pew Research Center. 03/24/2022.

31. Generations United. *Multigenerational Households*
https://www.gu.org/explore-our-topics/multigenerational-households/

32. Kolker, C. *The Immigrant Advantage: What we can learn from Newcomers to America about Health, Happiness, and Hope.* 2014, New York: Free Press

33. Lin JT, Mollan KR, Cerami C. The Consequences of Isolating at Home. *Clinical Infectious Diseases.* 2021 Nov 2;73(9):e2823.

34. Oum S, Kates J., Wexler A. Economic Impact of COVID-19 on PEPFAR Countries. KFF Global Health Policy. 02/07/2022 https://www.kff.org/global-health-policy/issue-brief/ economic-impact-of-covid-19-on-pepfar-countries/

35. Migration Policy Institute. Fact Sheet. The Essential Role of Immigrants in the U.S. Food Supply Chain. 04/2020. https://migrationpolicy.org/content/ essential-role-immigrants-us-food-supply-chain

36. World Health Organization. Tuberculosis Fact Sheet. 10/272022 https://www.who.int/news-room/fact-sheets/detail/tuberculosis

37. Cauthen GM, Pio HG, Ten Dam HG: *Annual risk of tuberculosis infection.* World Health Organization TB Publication 1988; 88:154

38. Bloom BR, Murray CJL: Tuberculosis: Commentary on a reemergent killer. *Science* 1992; 257:1055–1064

39. Menzies NA, Hill AN, Cohen T, Salomon JA. The impact of migration on tuberculosis in the United States. *International Journal of Tuberculosis and Lung Disease.* 2018. 01:22(12): 1392-1403

40. Oren E, Fiero MH, Barrett E, Anderson B, Nuñez M, Gonzalez-Salazar F. Detection of latent tuberculosis infection among migrant farmworkers along the US-Mexico border. *BMC Infectious Diseases.* 2016 Nov 3;16(1):630.

41. Boudville DA, Joshi R, Rijkers GT. Migration and tuberculosis in Europe. *Journal of Clinical Tuberculosis and Other Mycobacterial Diseases.* 2020 Jan 7;18:100143.

42. Phares CR, Liu Y, Wang Z, et al. Disease Surveillance Among U.S.-Bound Immigrants and Refugees — Electronic Disease Notification System, United States, 2014–2019. *Morbidity and Mortality Weekly Report*, Surveillance Summary 2022;71(No. SS-2):1–21.

43. US Centers for Disease Control and Prevention. *Title 42—The Public Health and Welfare.* https://www.govinfo.gov/content/pkg/USCODE-2011-title42/pdf/ USCODE-2011-title42-chap6A-subchapII-partC-sec252.pdf

44. Duzkoylu Y, Basceken SI, Kesilmez EC. Physical Trauma among Refugees: Comparison between Refugees and Local Population Who Were Admitted to Emergency Department-Experience of a State Hospital in Syrian Border District. *International Journal of Environmental Research and Public Health.* 2017;2017:8626275.

45. Al-Hajj S, Chahrour MA, Nasrallah AA, Hamed L, Pike I. Physical trauma and injury: A multi-center study comparing local residents and refugees in Lebanon. *Journal of Global Health.* 2021 Oct 9;11:17001.

46. Daily Beast. *Russians Accused of Raping and Killing a 1-Year-Old Child, Says Ukraine official.* https://www.thedailybeast.com/russians-accused-of-raping-and-killing-a-one-year-old-child-says-ukraine-official

47. Falk P. *UN told "credible" claims of sexual violence against children as Russia's war drives a third of Ukrainians from their homes.* CBS News. 5/13/2022

48. United Nations Security Council. *Sexual Violence 'Most Hidden Crime' Being Committed against Ukrainians, Civil Society Representative Tells Security Council.* 9056th Meeting. 06/06/2022. https://www.un.org/press/en/2022/sc14926.doc.htm

49. Al-Dayel N, Mumford A. ISIS and Their Use of Slavery. International Centre for Counter Terrorism. 27 Jan 2020 https://www.icct.nl/publication/isis-and-their-use-slavery

50. Sham M, Singh D, Wankhede U, Wadate A. Management of child victims of acute sexual assault: Surgical repair and beyond. *Journal of Indian Association of Pediatric Surgeons.* 2013 Jul;18(3):105-11.

51. Tahirbegolli B, Çavdar S, Çetinkaya Sümer E, Akdeniz SI, Vehid S. Outpatient admissions and hospital costs of Syrian refugees in a Turkish university hospital. *Saudi Medical Journal.* 2016; 37(7):809-12.

52. World Health Organization. *Ukraine's health system under severe pressure.* 06/03/2022. https://www.who.int/news/item/03-06-2022-one-hundred-days-of-war-has-put-ukraine-s-health-system-under-severe-pressure

53. The Soufan Center. *Syria: The Humanitarian-Security Nexus,* 2017, Author. https://thesoufancenter.org/research/syria-humanitarian-security-nexus-2/

54. Crespo E. The Importance of Oral Health in Immigrant and Refugee Children. *Children (Basel).* 2019 Sep 9;6(9):102. https://www.mdpi.com/2227-9067/6/9/102

55. Salim NA, Tiwari T. Migrant and refugee Oral Health. *Community Dental Health.* 2021 Feb 25;38(1):3-4.

56. Ryan P, McMahon G. Severe dental infections in the emergency department. *European Journal of Emergency Medicine*. 2012 Aug;19(4):208-13.

57. World Health Organization Fact Sheet, Europe. *Migration and health: key issues*. January 20, 2021 https://www.who.int/europe/news-room/fact-sheets/item/migration-and-health-key-issues

58. The United Nations High Commissioner for Refugees. Data visualization on Mediterranean crossings charts rising death toll and tragedy at sea need UNHCR reference on deaths among migrants crossing the sea. 06/10/2022 https://www.unhcr.org/en-us/news/briefing/2022/6/62a2f90a1a/unhcr-data-visualization-mediterranean-crossings-charts-rising-death-toll.html

59. The United Nations High Commissioner for Refugees. Operational Data Portal. https://data.unhcr.org/en/situations/mediterranean

60. Bridges L. Central American Migrants Face Perils on Journey North. *North American Congress on Latin America (NACLA)* 05/24/2013. https://nacla.org/news/2013/5/24/central-american-migrants-face-perils-journey-north-0

61. Pardinas J (2008). Los retos de la migracion en Mexico: Un espejo de dos caras (PDF). *Serie Estudios y Perspectivas*. 99. Retrieved 3 June 2013.

62. Amnesty International Publications. *Invisible Victims: Migrants on the Move in Mexico*. 04/28/2010. https://www.amnesty.org/en/documents/amr41/014/2010/en/

63. NBC News. *Authorities ID 47 of the migrants found dead inside an abandoned truck in San Antonio*. 07/06/2022 https://www.nbcnews.com/news/latino/authorities-id-47-migrants-found-dead-abandoned-truck-san-antonio-rcna36931

64. Parker TJ, Moreno M. *5 people test positive for COVID after being found in suspected human smuggling operation in SW Houston, police say*. KTRK TV Houston. 04/30/2021. https://www.click2houston.com/news/local/2021/04/30/human-smuggling-happening-at-home-in-southwest-houston-kprc-2-sources-say/

65. Fox M. Migrants don't bring disease. In fact, they help fight it, report says. Migration also boosts economies, the new report notes. NBC News https://www.nbcnews.com/storyline/immigration-border-crisis/migrants-don-t-bring-disease-fact-they-help-fight-it-n944146

66. Becker J, Faller G. Arbeitsbelastung und Gesundheit von Erwerbstätigen mit Migrationshintergrund [Workload and health of workers with a migrant background]. *Bundesgesundheitsblatt Gesundheitsforschung Gesundheitsschutz.* 2019 Sep;62(9):1083-1091.

67. Moyce SC, Schenker M. Occupational Exposures and Health Outcomes Among Immigrants in the USA. *Current Environmental Health Reports.* 2017 Sep;4(3):349-354.

68. Yanar B, Kosny A, Smith PM. Occupational Health and Safety Vulnerability of Recent Immigrants and Refugees. *International Journal of Environmental Research and Public Health.* 2018 Sep 14;15(9):2004.

69. The Guardian: *Revealed: 6,500 migrant workers have died in Qatar since World Cup awarded.* 03/18/2021. https://www.theguardian.com/global-development/2021/feb/23/revealed-migrant-worker-deaths-qatar-fifa-world-cup-2022

70. Walter JD & Ford M. DW. Fact check: How many people died for the Qatar World Cup? *Deutsche Welle,* 11/16/2022 https://www.dw.com/en/fact-check-how-many-people-have-died-for-the-qatar-world-cup/a-63763713

71. Jon Gambrell. Qatar Says Worker Deaths for World Cup 'Between 400 and 500' *Time Magazine* 11/29/2022.

72. Rai O A. A mysterious rash of kidney failures. *Nepail Times,* 04/2017. https://archive.nepalitimes.com/article/Nepali-Times-Buzz/A-mysterious-rash-of-kidney-failures,3639

73. Zoni AC, Domínguez-Berjón MF, Esteban-Vasallo MD, Velázquez-Buendía LM, Blaya-Nováková V, Regidor E. Injuries Among Immigrants Treated in Primary Care in Madrid, Spain. *Journal of Immigrant and Minor Health.* 2018 Apr;20(2):456-464.

74. Dragioti E, Tsamakis K, Larsson B, Gerdle B. Predictive association between immigration status and chronic pain in the general population: results from the SwePain cohort. *BMC Public Health.* 2020 Sep 29;20(1):1462.

75. Centers for Disease Control and Prevention (CDC). *Diabetes risk factors*. https://www.cdc.gov/diabetes/basics/risk-factors.html

76. Joffe B, Zimmet P. The thrifty genotype in type 2 diabetes: an unfinished symphony moving to its finale? *Endocrine*. 1998 Oct;9(2):139-41.

77. Garduño-Espinosa J, Ávila-Montiel D, Quezada-García AG, Merelo-Arias CA, Torres-Rodríguez V, Muñoz-Hernández O. Obesity and thrifty genotype. Biological and social determinism versus free will. *Boletín Médico del Hospital Infantil de México*. 2019;76(3):106-112.

78. Diabetes Prevention Program (DPP) Research Group. The Diabetes Prevention Program (DPP): description of lifestyle intervention. *Diabetes Care*. 2002 Dec;25(12):2165-71.

79. World Health Organization, *Fact Sheet, Tobacco*. 05/24/2022. https://www.who.int/news-room/fact-sheets/detail/tobacco

80. Global Burden of Disease [database].Washington, DC: Institute of Health Metrics; 2019. IHME

81. Reimann JOF, Liles S, Hofstetter CR, Chu S, Angulo OY, Hovell, MF. *The popularity of cigars: continuing phenomenon or fading fad?* Poster Session B10, Annual Investigator's Meeting, Tobacco Related Disease Research Program. 1999 http://trdrp.yes4yes.com/fundedresearch/grant_page.php?grant_id=380

82. Reimann JOF, Liles S, Rodríguez-Reimann, DI, Hovell, MF. *The new popularity of cigars: smokers descriptions*. Conference Paper, Annual Investigator's Meeting, Tobacco Related Disease Research Program. 1998

83. Truth Initiative, Fact Sheet, Cigars: Facts, stats and regulations. 06/30/2020. https://truthinitiative.org/research-resources/traditional-tobacco-products/cigars-facts-stats-and-regulations

84. Thirión-Romero I, Pérez-Padilla R, Zabert G, Barrientos-Gutiérrez I. Respiratory impact of electronic cigarettes and "low risk" tobacco. *Revista de Investigación Clínica*. 2019;71(1):17-27.

85. World Population Review. *Smoking Rates by Country 2022*. https://worldpopulationreview.com/country-rankings/smoking-rates-by-country

86. Statista. *Consumer Goods & FMCG‹Tobacco. Share of individuals who currently smoke cigarettes, cigars, cigarillos or a pipe in selected European countries in 2020.*
https://www.statista.com/statistics/433390/
individuals-who-currently-smoke-cigarettes-in-european-countries/

87. CDC. Current Cigarette Smoking Among Adults in the United States.
https://www.cdc.gov/tobacco/data_statistics/fact_sheets/adult_data/
cig_smoking/index.htm

88. El Hajj DG, Cook PF, Magilvy K, Galbraith ME, Gilbert L, Corwin M. Tobacco Use Among Arab Immigrants Living in Colorado: Prevalence and Cultural Predictors. *Journal of Transcultural Nursing.* 2017 Mar;28(2):179-186.

89. Joshi S, Jatrana S, Paradies Y. Tobacco smoking between immigrants and non-immigrants in Australia: A longitudinal investigation of the effect of nativity, duration of residence and age at arrival. *Health Promotion Journal of Australia.* 2018 Dec;29(3):282-292.

90. United States Public Health Service Office of the Surgeon General; National Center for Chronic Disease Prevention and Health Promotion (US) Office on Smoking and Health. *Smoking Cessation: A Report of the Surgeon General [Internet].* Washington (DC): US Department of Health and Human Services; 2020. Chapter 4, The Health Benefits of Smoking Cessation. https://www.ncbi.nlm.nih.gov/
books/NBK555590/

91. Crane T, Patterson S. *Introduction.* History of the Mind-Body Problem. 2001. pp. 1–2.

92. Catholic Answers. Dualism: Philosophical terms, employed in different meanings by different schools.
https://www.catholic.com/encyclopedia/dualism

93. Mehta N. Mind-body Dualism: A critique from a Health Perspective. *Mens Sana Monographs.* 2011 Jan;9(1):202-9.

94. Chan C, Ho PS, Chow E. A body-mind-spirit model in health: an Eastern approach. *Social Work in Healthcare.* 2001;34(3-4):261-82.

95. World Health Organization, WHO Director-General's opening remarks at the Mental Health at Work panel, World Economic Forum. 01/18/2023.
https://www.who.int/director-general/speeches/detail/

who-director-general-s-opening-remarks-at-the-mental-health-at-work-panel--world-economic-forum---18-january-2023

96. Rathod JM. Danger and Dignity: Immigrant Day Laborers and Occupational Risk. *Seton Hall Law Review.* 2016;46(3):813-82.

97. Arici C, Ronda-Pérez E, Tamhid T, Absekava K, Porru S. Occupational Health and Safety of Immigrant Workers in Italy and Spain: A Scoping Review. *International Journal of Environmental Research and Public Health.* 2019 Nov 11;16(22):4416.

98. Armstrong SA, Herr MJ. Physiology, Nociception. 2022 May 8. In: *StatPearls* [Internet]. Treasure Island (FL): StatPearls Publishing; 2022 Jan.

99. Colloca L, Ludman T, Bouhassira D, Baron R, Dickenson AH, Yarnitsky D, Freeman R, Truini A, Attal N, Finnerup NB, Eccleston C, Kalso E, Bennett DL, Dworkin RH, Raja SN. Neuropathic pain. *Nature Reviews Disease Primers.* 2017 Feb 16;3:17002.

100. Costigan M, Scholz J, Woolf CJ. Neuropathic pain: a maladaptive response of the nervous system to damage. *Annual Review of Neuroscience.* 2009. 32:1-32.

101. Lumley MA, Cohen JL, Borszcz GS, Cano A, Radcliffe AM, Porter LS, Schubiner H, Keefe FJ. Pain and Emotion: A Biopsychosocial Review of Recent Research. *Journal of Clinical Psychology.* 2011;67(9):942-968.

102. Institute of Medicine (US) Committee on Pain, Disability, and Chronic Illness Behavior; Osterweis M, Kleinman A, Mechanic D, editors. *Pain and Disability: Clinical, Behavioral, and Public Policy Perspectives.* Washington (DC): National Academies Press (US); 1987. 9, Psychiatric Aspects of Chronic Pain. Available from: https://www.ncbi.nlm.nih.gov/books/NBK219250/

103. Institute of Medicine (US) Committee on Advancing Pain Research, Care, and Education. *Relieving Pain in America: A Blueprint for Transforming Prevention, Care, Education, and Research.* Washington (DC): National Academies Press (US); 2011.

104. Chen Y, Mo F, Yi Q, Morrison H, Mao Y. Association between mental health and fall injury in Canadian immigrants and non-immigrants. *Accident Analysis & Prevention.* 2013 Oct;59:221-6.

105. Flores Morales J, Nkimbeng M. An Exploration of the Relationship Between Diabetes and Depression Among Immigrants in the

United States. *Journal of Immigrant and Minority Health.* 2021 Jun;23(3):444-451.

106. Black PH. The inflammatory response is an integral part of the stress response: Implications for atherosclerosis, insulin resistance, type II diabetes and metabolic syndrome X. *Brain, Behavior, and Immunity.* 2003;17;350-364.

107. Philis-Tsimikas A, Walker C, Rivard L, Talavera GA, Reimann JOF, Salmon M, Araujo R. Improvement in diabetes care of underinsured patients enrolled in Project Dulce: A community-based, culturally appropriate, nurse case management and peer education diabetes care model, *Diabetes Care,* 2004 27:110-115.

108. Concha JB, Kravitz HM, Chin MH, Kelley MA, Chavez N, Johnson TP. Review of type 2 diabetes management interventions for addressing emotional well-being in Latinos. *Diabetes Educator.* 2009 Nov-Dec;35(6):941-58.

109. Ilchmann-Diounou H, Menard S. Psychological Stress, Intestinal Barrier Dysfunctions, and Autoimmune Disorders: An Overview. *Frontiers in Immunology.* 2020 Aug 25;11:1823

110. Song H, Fang F, Tomasson G, Arnberg FK, Mataix-Cols D, Fernández de la Cruz L, Almqvist C, Fall K, Valdimarsdóttir UA. Association of Stress-Related Disorders With Subsequent Autoimmune Disease. *JAMA.* 2018 Jun 19;319(23):2388-2400.

111. Agrawal M, Shah S, Patel A, Pinotti R, Colombel JF, Burisch J. Changing epidemiology of immune-mediated inflammatory diseases in immigrants: A systematic review of population-based studies. *Journal of Autoimmunity.* 2019 Dec;105:102303.

112. Bookwalter DB, Roenfeldt KA, LeardMann CA, Kong SY, Riddle MS, Rull RP. Posttraumatic stress disorder and risk of selected autoimmune diseases among US military personnel. *BMC Psychiatry.* 2020 Jan 15;20(1):23.

113. Bustamante LHU, Cerqueira RO, Leclerc E, Brietzke E. Stress, trauma, and posttraumatic stress disorder in migrants: a comprehensive review. *Revista Brasileira de Psiquiatria.* 2017 Oct 19;40(2):220-225.

114. Schmeer KK, Tarrence J. Racial-ethnic Disparities in Inflammation: Evidence of Weathering in Childhood? *Journal of Health and Social Behavior.* 2018 Sep;59(3):411-428.

115. Joo JH, Platt R. The promise and challenges of integrating mental and physical health. *International Review of Psychiatry.* 2018 Dec;30(6):155-156.

116. Knowleswellness. *Banned Medicines in the United States.* 01/31/2022. https://www.knowleswellness.com/blog/ list-of-banned-medicines-in-the-united-states/

117. Kliegl, M. How to Transport Your Medicine to Europe, SAI. 01/06/2022 https://www.saiprograms.com/transport-medicine-europe/

118. Ramey JT, Bailen E, Lockey, RF. Rhinitis Medicamentosa. *Journal of Investigational Allergology and Clinical Immunology* 2006; Vol. 16(3): 148-155. https://www.jiaci.org/issues/vol16issue03/1.pdf

119. Hutchings MI, Truman AW, Wilkinson B. Antibiotics: past, present and future. *Current Opinion in Microbiology.* 2019 Oct;51:72-80.

120. Centers for Disease Control and Prevention. Antimicrobial Resistance. 12/17/2021. https://www.cdc.gov/drugresistance/index. html

121. World Health Organization. Wide differences in antibiotic use between countries. 11/12/2018. https://www.downtoearth.org.in/news/health/ wide-differences-in-antibiotic-use-between-countries-who-62096

122. University of Oxford, Medical Science Division. Global antibiotic consumption rates increased by 46 percent since 2000. 11/16/2021. https://www.medsci.ox.ac.uk/news/global-antibiotic-consumption-rates-increased-by-46-percent-since-2000

123. Mangione-Smith R, Elliott MN, Stivers T, McDonald L, Heritage J, McGlynn EA. Racial/ethnic variation in parent expectations for antibiotics: implications for public health campaigns. *Pediatrics.* 2004 May;113(5):e385-94. PMID: 15121979.

124. Mainous A.G., Cheng A.Y., Garr R.C., Tilley B.C., Everett C.J., McKee M.D. Nonprescribed antimicrobial drugs in Latino community, South Carolina. *Emerging Infectious Diseases.* 2005;11:883–888.

125. Céspedes A., Larson E. Knowledge, attitudes, and practices regarding antibiotic use among Latinos in the United States: Review and recommendations. *American Journal of Infection Control.* 2006;34:495–502.

126. FDA Authorizes Emergency Use of Novavax COVID-19 Vaccine, Adjuvanted.
https://www.fda.gov/vaccines-blood-biologics/
coronavirus-covid-19-cber-regulated-biologics/
novavax-covid-19-vaccine-adjuvanted

127. U.S. Food & Drug Administration Coronavirus (COVID-19) *Update: FDA Limits Use of Janssen COVID-19 Vaccine to Certain Individuals.* 05/05/2022.
https://www.fda.gov/vaccines-blood-biologics/
coronavirus-covid-19-cber-regulated-biologics/
janssen-covid-19-vaccine

128. CDC Fact Sheet, Tuberculosis
https://www.cdc.gov/tb/publications/factsheets/general/tb.htm

129. Occupational Safety and Health Administration (OSHA). *The Bloodborne Pathogen Standard and the Enforcement Procedures for TB.*
https://www.osha.gov/laws-regs/standardinterpretations/1997-09-23

130. Schwarcz J. Can Vaccines Make Our Body Magnetic? McGill Office for Science and Society. 06/11/2021. https://www.mcgill.ca/oss/
article/covid-19/can-vaccines-make-our-body-magnetic

131. CDC. *Possible Side Effects After Getting a COVID-19 Vaccine.* 01/12/2022.
https://www.cdc.gov/coronavirus/2019-ncov/vaccines/expect/after.
html

132. Gamble VN. Under the shadow of Tuskegee: African Americans and health care. *American Journal of Public Health.* 1997 Nov;87(11):1773-8

133. Yasmin F, Najeeb H, Moeed A, Naeem U, Asghar MS, Chughtai NU, Yousaf Z, Seboka BT, Ullah I, Lin CY, Pakpour AH. COVID-19 Vaccine Hesitancy in the United States: A Systematic Review. *Frontiers in Public Health.* 2021 Nov 23;9:770985.

134. Gutiérrez Á, Young MT, Dueñas M, García A, Márquez G, Chávez ME, Ramírez S, Rico S, Bravo RL. Laboring With the Heart: Promotoras' Transformations, Professional Challenges, and Relationships With Communities. *Family & Community Health.* 2020; Dec 4.

135. Mendoza A. *Promotoras' playing role in vaccine outreach for Latino communities.* San Diego Union Tribune, 02/19/2021.
https://www.sandiegouniontribune.com/news/health/

story/2021-02-19/promotoras-play-important-role-in-vaccine-outreach-for-latino-communities

136. Afzal MM, Pariyo GW, Lassi ZS, Perry HB. Community health workers at the dawn of a new era: 2. Planning, coordination, and partnerships. *Health Research Policy and Systems.* 2021 Oct 12;19(Suppl 3):103.

137. Department of Health Care Services (DHCS). Community Health Workers https://www.dhcs.ca.gov/community-health-workers

138. Padilla R, Gomez V, Biggerstaff SL, Mehler PS. Use of curanderismo in a public health care system. *Archives of Internal Medicine.* 2001, 161(10):1336–1340.

139. Malruro, R. Curanderismo and Latino Views of Disease and Curing. *Western Journal of Medicine.* 1983 Dec; 139(6): 868–874.

140. National Center for Complementary and Integrative Health (NCCIH) *Ayurvedic Medicine: In Depth.* https://www.nccih.nih.gov/health/ayurvedic-medicine-in-depth

141. AlRawi SN, Khidir A, Elnashar MS, Abdelrahim HA, Killawi AK, Hammoud MM, Fetters MD. Traditional Arabic & Islamic medicine: validation and empirical assessment of a conceptual model in Qatar. *BMC Complementary and Alternative Medicine.* 2017;17(1):157.

142. National Center for Complementary and Integrative Health (NCCIH) *Traditional Chinese Medicine: What You Need To Know.* 04/2019. https://www.nccih.nih.gov/health/traditional-chinese-medicine-what-you-need-to-know

143. Bacardi-Gascon M, Dueñas-Mena D, Jimenez-Cruz A. Lowering effect on postprandial glycemic response of nopales added to Mexican breakfasts. *Diabetes Care.* 2007 May;30(5):1264-5.

144. Shapiro K, Gong WC. Natural products used for diabetes. *Journal of the American Pharmacists Association.* 2002; 42(2):217-226.

145. Chattopadhyay K, Wang H, Kaur J, Nalbant G, Almaqhawi A, Kundakci B, Panniyammakal J, Heinrich M, Lewis SA, Greenfield SM, Tandon N, Biswas TK, Kinra S, Leonardi-Bee J. Effectiveness and Safety of Ayurvedic Medicines in Type 2 Diabetes Mellitus Management: A Systematic Review and Meta-Analysis. *Frontiers in Pharmacology.* 2022 Jun 8;13:821810.

146. Vickers AJ, Vertosick EA, Lewith G, MacPherson H, Foster NE, Sherman KJ, Irnich D, Witt CM, Linde K; Acupuncture Trialists' Collaboration. Acupuncture for Chronic Pain: Update of an Individual Patient Data Meta-Analysis. *The Journal of Pain.* 2018; 19(5):455-474.

147. Zhang Q. Traditional and Complementary Medicine in Primary Health Care. In: Medcalf A, Bhattacharya S, Momen H, et al., editors. *Health For All: The Journey of Universal Health Coverage.* Hyderabad (IN): Orient Blackswan; 2015. Chapter 12. https://www.ncbi.nlm.nih.gov/books/NBK316267/

148. California Board of Psychology Laws and Regulations. https://www.psychology.ca.gov/laws_regs/2019lawsregs.pdf

149. World Health Organization. Global Standards for Quality Health-Care Services for Adolescents. https://apps.who.int/iris/bitstream/handle/10665/183935/9789241549332_vol1_eng.pdf

150. Sekhar MS, Vyas N. Defensive medicine: a bane to healthcare. *Annals of Medical and Health Sciences Research.* 2013;3(2):295-296. United States Drug Enforcement Agency. *Fact Sheets. Rohypnol* https://www.dea.gov/sites/default/files/2020-06/Rohypnol-2020_0.pdf

151. Jakulin, A. *Why are we such a litigious society? Statistical Modeling, Causal Inference, and Social Science*, Columbia University. https://statmodeling.stat.columbia.edu/2015/12/03/why-us-litigious/

152. Justpoint. US Medical Malpractice Case Statistics. 2017-2021 https://justpoint.com/knowledge-base/us-medical-malpractice-case-statistics

153. Almeida LM, Caldas J, Ayres-de-Campos D, Salcedo-Barrientos D, Dias S. Maternal healthcare in migrants: a systematic review. *Maternal and Child Health Journal.* 2013 Oct;17(8):1346-54.

154. Missing Migrants Project. https://missingmigrants.iom.int/

155. Woman, unborn child die after migrants abandoned in truck near U.S.-Mexico border. Border Report. 03/07/2022. https://www.borderreport.com/news/health/woman-unborn-child-die-after-migrants-abandoned-in-truck-near-u-s-mexico-border/

156. Maru S, Glenn L, Belfon K, Birnie L, Brahmbhatt D, Hadler M, Janevic T, Reynolds S. Utilization of Maternal Health Care Among

Immigrant Mothers in New York City, 2016-2018. *Journal of Urban Health.* 2021 Dec;98(6):711-726.

157. Kentoffio K, Berkowitz SA, Atlas SJ, Oo SA, Percac-Lima S. Use of maternal health services: comparing refugee, immigrant and US-born populations. *Maternal and Child Health Journal.* 2016;20(12):2494–2501.

158. Gissler M, Alexander S, MacFarlane A, Small R, Stray-Pedersen B, Zeitlin J, Zimbeck M, Gagnon A. Stillbirths and infant deaths among migrants in industrialized countries. *Acta Obstetricia et Gynecologica Scandinavica.* 2009;88(2):134-48.

159. Fair F, Raben L, Watson H, Vivilaki V, van den Muijsenbergh M, Soltani H; ORAMMA team. Migrant women's experiences of pregnancy, childbirth and maternity care in European countries: A systematic review. *PLOS One.* 2020 Feb 11;15(2):e0228378.

160. Van Norman GA. Drugs and Devices: Comparison of European and U.S. Approval Processes. *JACC: Basic to Translational Science.* 2016 Aug 29;1(5):399-412.

161. Last Christmas, Universal Pictures. 2019. https://www.universalpictures.com/movies/last-christmas

162. Patricia Frye Walker PF & Barnett ED. *Immigrant Medicine.* 2007 Amsterdam, Netherlands: Elsevier Inc.

163. Berry JW. Acculturation. In the *Encyclopedia of Applied Psychology,* 2004; 27-34. Academic Press, Elsevier: Amsterdam.

164. Reimann JOF, Rodríguez-Reimann DI. *Immigrant Concepts: Life Paths to Integration.* 2021, Chula Vista CA. Romo Books.

165. Berry, JW. Theories and models of acculturation. In S. J. Schwartz & J. B. Unger (Eds.), *Oxford library of psychology. The Oxford handbook of acculturation and health, 2017;* (p. 15–28). Oxford University Press.

166. Voelker, R. Born in the USA: Infant Health Paradox. *JAMA: The Journal of the American Medical Association.* 1994 272 (23): 1803–1804.

167. Speciale AM, Regidor E. Understanding the Universality of the Immigrant Health Paradox: The Spanish Perspective. *Journal of Immigrant and Minority Health.* 2011, 13 (3): 518–525

168. Guendelman, S; Abrams, B. Dietary intake among Mexican-American women: generational differences and a comparison with white non-Hispanic women. *American Journal of Public Health.* 1995 85 (1): 20–25

169. Antecol, H, Bedard, K. Unhealthy Assimilation: Why Do Immigrants Converge to American Health Status Levels? *Demography.* 2006 43 (2): 337–360.

170. Rodríguez-Reimann DI, Nicassio P, Reimann JOF, Gallegos PI, Olmedo EL. Acculturation and health beliefs of Mexican Americans regarding tuberculosis prevention. *Journal of Immigrant Health*, 2004: 6:51-62.

171. Becker MH, Maiman LA. Sociobehavioral determinants of compliance with health and medical care recommendations. *Medical Care* 1975; 13:10–24.

172. Reimann JOF, Ghulam M, Rodríguez-Reimann DI, Beylouni MF. Project Salaam: Assessing mental health needs among San Diego's greater Middle Eastern and East African communities. *Ethnicity & Disease*, 2007, 17, Supp. 3, S3-39-S3-41. PMID: 17985449

173. Gonzalez-Guarda RM, Stafford AM, Nagy GA, Befus DR, Conklin JL. A Systematic Review of Physical Health Consequences and Acculturation Stress Among Latinx Individuals in the United States. *Biological Research for Nursing.* 2021 Jul;23(3):362-374.

174. Andrasfay T, Goldman N. Reductions in 2020 US life expectancy due to COVID-19 and the disproportionate impact on the Black and Latino populations. *Proceedings of the National Academy of Sciences USA.* 2021 Feb 2;118(5):e2014746118.

175. U.S. Health & Human Services, Office of Minority Health. *The National CLAS Standards.* https://minorityhealth.hhs.gov/omh/browse. aspx?lvl=2&lvlid=53

176. National Association of Social Workers, *Standards and Indicators for Cultural Competence in Social Work Practice.* https://www.socialworkers.org/LinkClick. aspx?fileticket=PonPTDEBrn4%3D

177. American Hospital Association. *Becoming a Culturally Competent Health Care Organization.* https://www.aha.org/system/files/hpoe/Reports-HPOE/becoming-culturally-competent-health-care-organization.PDF

178. Barbara McAneny BL, How I incorporated cultural competency in my practice. *American Medical Association.* 03/22/2015 https://www.ama-assn.org/about/leadership/ how-i-incorporated-cultural-competency-my-practice

179. Centers for Disease Control and Prevention. *Cultural Competence In Health And Human Services.* https://npin.cdc.gov/pages/cultural-competence

180. Purnell, L. The Purnell Model for Cultural Competence. *The Journal of Multicultural Nursing & Health*, Summer 2005, 7-15

181. Albougami AS, Pounds KG Alotaibi JS. Comparison of Four Cultural Competence Models in Transcultural Nursing: A Discussion Paper. *International Archives of Nursing and Health Care*; 2016, Volume (2)4 https://clinmedjournals.org/articles/ianhc/international-archives-of-nursing-and-health-care-ianhc-2-053.pdf

182. Reimann JOF, Talavera GA, Salmon M, Nuñez J, Velasquez RJ. Cultural competence among physicians treating Mexican Americans who have diabetes: A structural model. *Social Science & Medicine.* 2004; 59:2195-2205.

183. Yepes-Rios M, Reimann, JOF, Talavera AC, Ruiz de Esparza A, Talavera GA. (2006) Colorectal cancer screening among Mexican Americans at a community clinic. *American Journal of Preventive Medicine*, 30, 204-210.

184. Shiu-Thornton S, Balabis J, Senturia K, Tamayo A, Oberle M. Disaster preparedness for limited English proficient communities: medical interpreters as cultural brokers and gatekeepers. *Public Health Reports.* 2007 Jul-Aug;122(4):466-71.

185. Office of the Surgeon General (US); Center for Mental Health Services (US); National Institute of Mental Health (US). Mental Health: Culture, Race, and Ethnicity: A Supplement to Mental Health: A Report of the Surgeon General. Rockville (MD): Substance Abuse and Mental Health Services Administration (US); 2001 Aug. Chapter 2 Culture Counts: *The Influence of Culture and Society on Mental Health.* Available from: https://www.ncbi.nlm.nih.gov/books/NBK44249/

186. Hampton NZ, Sharp SE. Shame-focused attitudes toward mental health problems. *Rehabilitation Counseling Bulletin.* 2013; 57:170–81.

187. Haque A. Mental health concepts in Southeast Asia: diagnostic considerations and treatment implications. *Psychology, Health & Medicine.* 2010 Mar;15(2):127-34.

188. Mascayano F, Tapia T, Schilling S, Alvarado R, Tapia E, Lips W, Yang LH. Stigma toward mental illness in Latin America and the

Caribbean: a systematic review. *Brazilian Journal of Psychiatry*. 2016 Mar;38(1):73-85.

189. Amuyunzu-Nyamongo M. *The social and cultural aspects of mental health in African societies* Commonwealth Health Partnerships 2013 5 https://www.commonwealthhealth.org/wp-content/uploads/2013/07/ The-social-and-cultural-aspects-of-mental-health-in-African-societies_CHP13.pdf

190. Uono S, Hietanen JK. Eye contact perception in the West and East: a cross-cultural study. *PLOS One*. 2015 Feb 25;10(2):e0118094.

191. Reimann JOF, Ghulam M, Rodríguez-Reimann DI, Beylouni MF. *Bringing communities together for wellness: An assessment of emotional health needs among San Diego's Middle Eastern, North African, and East African groups*. 2005, San Diego: ICSD.

192. Brach C., & Fraser, I. Can cultural competency reduce racial and ethnic health disparities? A review and conceptual model. *Medical Care Research Review*, 2000, 57,(Supp. 1), 181-217.

193. Weiler D, Crist JD, Diabetes Self-Management in the Migrant Latino Population. *Hispanic Health Care International*, 2007 5(1), 27-33.

194. National Educational Association. Policy Brief. Global Competence Is a 21st Century Imperative. https://www.girlbossmath.com/uploads/1/1/7/5/117585876/nea_global_imperative.pdf

195. World Savvy. What is Global Competence? https://worldsavvy.org/static/e77c2d687176df004f1bbde66f1e8a76/ Global-Competence-Matrix-2023.pdf

196. Dyches C, Haynes-Ferere A, Haynes T. Fostering Cultural Competence in Nursing Students Through International Service Immersion Experiences. *Journal of Christian Nursing*. 2019 Apr/Jun;36(2):E29-E35.

197. Larson KL, Ott M, Miles JM. International cultural immersion: en vivo reflections in cultural competence. *Journal of Cultural Diversity*. 2010 Summer;17(2):44-50.

198. Mews C, Schuster S, Vajda C, Lindtner-Rudolph H, Schmidt LE, Bösner S, Güzelsoy L, Kressing F, Hallal H, Peters T, Gestmann M, Hempel L, Grützmann T, Sievers E, Knipper M. Cultural Competence and Global Health: Perspectives for Medical Education - Position

paper of the GMA Committee on Cultural Competence and Global Health. *GMS Journal for Medical Education.* 2018 35(3):1-17.

199. Reimann, JOF, Rodríguez-Reimann, DI. *Community based health needs assessments with culturally distinct populations.* In A. Pelham & E. Sills (Eds.) Promoting Health & Wellness in Underserved Communities: Multidisciplinary Perspectives through Service-Learning Series (pp.82-100), 2010, Sterling, VA: Stylus Publishing.

200. Giddings LS & Grant BM. Mixed methods research for the novice researcher. *Contemporary Nurse,* 2006 23:3-11.

201. Access Community Health & Research Center https://www.accesscommunity.org/health-wellness/medical

202. World Health Organization. Monkeypox outbreak, 2022 https://www.who.int/emergencies/situations/ monkeypox-oubreak-2022

203. US Department of State, Exchange Visitor Program https://j1visa.state.gov/

204. Martin N. Germany looks abroad for nurses, caregivers. *Deutsche Welle (DW)* 08/14/2020. https://www.dw.com/en/ germany-looks-abroad-for-nurses-caregivers/a-54576126

205. Maaroufi M. Precarious Integration: Labour Market Policies for Refugees or Refugee Policies for the German Labour Market? *Refugee Review* Fall 2017 3:15-33.

206. Ziegler J. *US-educated doctors are sued for malpractice twice as frequently.* United Press International, 03/11/1986.

207. Global Skills Partnership. Center for Global Development. https://www.cgdev.org/page/global-skill-partnerships

208. Khan Y, O'Sullivan T, Brown A, Tracey S, Gibson J, Genereux M, et al. Public health emergency preparedness: a framework to promote resilience. *BMC Public Health.* 2018, 18:1344.

209. Sushil M, Sharma K, Yogesh D, Gupta K, Kumar Y. Mass media for health education: a study in the State of Rajasthan. *Multidisciplinary International Journal.* 2017. 1:26–39.

210. Erlandson RA. Role of Electron Microscopy in Modern Diagnostic Surgical Pathology. *Modern Surgical Pathology.* 2009:71–84.

211. Hall N, Schmitz HP, Dedmon JM. Transnational Advocacy and NGOs in the Digital Era: New Forms of Networked Power, *International Studies Quarterly.* 2020 64(1):159–167.

212. Lurie SG. Global Health Equity and Advocacy: The roles of international Non-Governmental Organizations. *Health, Culture, and Society.* 2012, 2(1):104-114.

213. Gundersen C, & Ziliak, JP. Food Insecurity and Health Outcomes. *Health Affairs,* 2015, 34(11): 1807.

# INDICE

# LA SERIE INMIGRANTE AVANCES HACIA LA PROSPERIDAD

## LIBRO 1

"Los consejos prácticos de los autores, combinados con sus antecedentes académicos y su empatía humanitaria, lo convierten en un trabajo definitivo sobre la inmigración que contrarresta de manera convincente el análisis simplista del 'juego de suma cero' que con demasiada frecuencia rodea los debates sobre el tema." — Reseñas de Kirkus

## LIBRO 2

"Este libro se erige como una intervención urgente, que ilumina distinciones cruciales, establece nuevos enfoques y fomenta una mayor comprensión. Un recurso valioso que ofrece un contexto psicológico para quienes trabajan con poblaciones inmigrantes."

— BookLife, *Publishers Weekly*

## A CONTINUACIÓN, SE PRESENTAN EXTRACTOS DEL PRIMER Y SEGUNDO LIBRO DE LA SERIE.

Todo el texto está completamente referenciado en los libros originales.

## DE *INMIGRANTE CONCEPTOS: VÍAS DE LA VIDA HACIA LA INTEGRACIÓN*

### GRUPO DE EVALUACIÓN Y REASENTAMIENTO DE INMIGRANTES (GIRA)

…nuestro trabajo como psicólogos a menudo implica evaluaciones forenses para casos de inmigración (por ejemplo, casos de dificultades extremas; solicitudes de asilo; casos de abuso conyugal, etc). En un campo diferente pero relacionado, y como hemos descrito también hemos llevado a cabo investigaciones psicológicas y de salud pública basadas en la universidad. Tanto la investigación como los servicios clínicos se han centrado en gran medida en poblaciones cultural y lingüísticamente distintas (particularmente los inmigrantes y refugiados latinos, de África Oriental y de Oriente Medio). Tales esfuerzos son gratificantes para nosotros en que pueden impactar positivamente a una variedad de personas.

En resumen, siempre estamos listos para un nuevo proyecto. Cada uno es una aventura. Para nosotros, las preguntas actuales son: ¿Cómo utilizamos nuestra experiencia de alguna manera constructiva adicional? ¿Podemos ayudar a crear enfoques sistemáticos que ayuden a los inmigrantes en sus esfuerzos por aclimatarse a un nuevo país? Si es así, ¿cómo lo hacemos? ¿Existe un enfoque metódico que las personas que trabajan con inmigrantes encontrarán útil?

Estas preguntas nos llevaron a formar el Grupo de Evaluación y Reasentamiento de Inmigrantes (GIRA) hace varios años. GIRA es una entidad multidisciplinar formada por psicólogos clínicos y sociales, investigadores, especialistas en desarrollo profesional, líderes de organizaciones comunitarias y otros que tienen experiencia relevante. La misión de nuestro grupo es crear, y luego utilizar, medidas psicométricas que agreguen información relevante a los procesos de inmigración que permitan opciones informadas al ayudar a los inmigrantes. En este contexto, nuestro interés está en enfoques profesionales, matizados y no políticos que contribuyan a soluciones en este tipo de circunstancias.

Como médicos o proveedores de servicios sociales, generalmente escuchamos las necesidades y circunstancias de nuestros clientes para elaborar un plan de asistencia (o tratamiento) individualizado. El esfuerzo de GIRA es esencialmente el mismo. Incluye el desarrollo de un instrumento, el Inventario de Reasentamiento Exitoso de Inmigrantes (SIRI), que evalúa las dimensiones primarias y utiliza esa información para identificar las necesidades y circunstancias únicas de una persona.

Específicamente, SIRI incluye información demográfica básica y luego aborda los factores de estrés aculturativos/psicosociales, la apertura a los procesos aculturativos y adaptativos, las tendencias psicológicas y conductuales (incluyendo rasgos de personalidad y resiliencia), estado de salud física y orientaciones laborales/profesionales. Tanto los inmigrantes como las personas que los ayudan pueden usar esta información para desarrollar un camino integral y personalizado hacia el éxito.

Creemos además que este tipo de medición puede tener usos que ayuden a los procedimientos legales utilizados en casos de inmigración. Por ejemplo, los solicitantes de asilo a menudo carecen de documentos que "demuestren" su historia que frecuentemente es difícil. Verificar los síntomas psicológicos que son consistentes con las alteraciones relacionadas con el trauma puede agregar credibilidad a los solicitantes legítimos de asilo.

En resumen, SIRI puede actuar como una herramienta de evaluación y planificación de servicios utilizada por una organización no gubernamental (ONG) organizaciones comunitarias (CBO), entidades gubernamentales, sistemas educativos y otros. Con resultados en la mano, las personas que trabajan en primera línea pueden ayudar a los inmigrantes mediante la identificación y el uso de los servicios adecuados. Este enfoque puede mejorar y permitir un proceso aculturativos más fácil para superar las barreras de aculturación y reasentamiento. Por ejemplo, un informe de la SIRI tiene el potencial de mejorar la calidad de vida y las contribuciones sociales positivas mediante el desarrollo de planes eficaces de empleabilidad/educación para los inmigrantes que necesitan este tipo de ayuda.

En un nivel más amplio, la información de SIRI puede informar a la póliza. Puede identificar qué tipos de servicios son más necesarios en áreas específicas y para personas específicas. Eso puede ayudarnos a poner dinero y otros recursos donde harán el mayor bien.

Al mismo tiempo, evaluar a los inmigrantes de múltiples maneras también puede plantear preguntas difíciles. ¿Qué pasa si hay personas con factores de riesgo criminales e incluso terroristas en el grupo? SIRI no es una medida que pueda identificar un terrorista en una multitud. Pero, si se aplica correctamente, puede apuntar a formas en que los riesgos de radicalización, particularmente entre las personas que sienten que no tienen futuro, pueden reducirse.

Muchas personas, especialmente de Oriente Medio, norteafricana y otros países predominantemente musulmanes, dudan en hablar de radicalización y por buenas razones. Están preocupados por ser estereotipados porque eso les ha sucedido. Muchos de ellos mismos han sido víctimas de terroristas. Así que conocen los peligros involucrados de primera mano. Sin embargo, en su país adoptivo a menudo se les agrupan con las mismas personas de las que han huido. Eso tiene que ser muy desconcertante. Del mismo modo, hay demasiados comentarios públicos sobre personas de México y Centroamérica que llaman a las víctimas de criminales como "los" criminales.

Sin embargo, también puede haber algunas preocupaciones reales. Si bien un número muy pequeño de inmigrantes son criminales y/o terroristas, sólo tenemos que considerar la historia de los ataques en los EE.UU., el Reino Unido, España, Francia, Austria y muchos otros países para saber que algunos radicales pueden causar mucha muerte y destrucción. Dada esta realidad, necesitamos mejor entender cuáles son los hechos en torno a la radicalización. ¿Existe una relación sustancial entre los actos delictivos y la inmigración? ¿Quién está más tentado a unirse a grupos criminales/terroristas? ¿Hay cosas que podemos hacer para desviar a la gente de tales decisiones?

## Actividad criminal entre los inmigrantes

Posiblemente, la cantidad de actividad delictiva entre las personas nacidas en el extranjero es menor que la de la población nativa en varios países. La información de la Oficina de Estadísticas de Justicia de los Estados Unidos muestra que los reclusos no ciudadanos en prisiones estatales y federales representan menos del

6% de la población carcelaria total. Alex Nowrasteh, director de estudios de inmigración del Instituto Cato, ha concluido que "las tasas de condena penal y detención de inmigrantes estaban muy por debajo de las de los estadounidenses nacidos en origen nativo". Un análisis general de 51 estudios estadounidenses publicados sobre el tema de 1994-2014 encontró que, en todo caso, la inmigración tiende a asociarse con tasas de criminalidad reducidas en lugar de aumentar. Las razones de esta tendencia siguen siendo poco comprendidas. Pero hay evidencia sustancial de que ha sido consistentemente cierto en la historia reciente.

La investigación sobre este tema en otros países del mundo ha mostrado resultados mixtos. Ninguna relación entre el estatus migratorio y el crimen se ha encontrado, por ejemplo, en Australia. En Italia, los estudios encontraron que las personas nacidas en el extranjero tendían a cometer un poco más de robos de 1990 a 2003. Sin embargo, la tasa global de criminalidad entre los residentes no nativos disminuyó en un 65% entre 2007 y 2016. Del mismo modo, en el Reino Unido, un estudio señaló que la población penitenciaria local no estaba aumentando sustancialmente debido a incidentes de un delito grave cometido por personas extranjeras. Por otro lado, la investigación en Alemania, Noruega, España y algunos otros países han reportado tasas de criminalidad más altas atribuidos a los inmigrantes, aunque en algunos casos estos aumentos fueron relativamente pequeños. ¿Hay alguna manera de mejorar las cosas si las tasas de criminalidad son un problema? Algunos estudios realizados en la UE han constatado que la concesión de estatutos jurídicos a los indocumentados puede reducir la delincuencia. Esto puede suceder porque la situación legal abre más oportunidades económicas y, en general, reduce los temores y las frustraciones para las personas.

## Crímenes contra los inmigrantes

Al otro lado de este cuadro está la preocupación de que los inmigrantes son con demasiada frecuencia las víctimas en lugar de los autores del crimen. Las personas que huyen de la guerra y la persecución pueden ser muy vulnerables al abuso y la explotación. Por ejemplo, el 75% o más refugiados sirios son mujeres y niños en riesgo. Incluso si llegan a los campos de refugiados, muchos temen ser abusados por el personal y otros allí. Algunas refugiadas terminan siendo explotadas sexualmente bajo la premisa de que esta es la única manera en que pueden sobrevivir financieramente.

Muy relacionado con esta situación está el tráfico sexual. La Unión Americana de Libertades Civiles (ACLU) informa que, en los Estados Unidos, casi todas las víctimas de la trata sexual son mujeres inmigrantes con una edad promedio de 20 años. Las mujeres con menos educación, capacidad limitada de hablar inglés y sin conocimiento de las protecciones legales de empleo de los Estados Unidos están particularmente en riesgo.

Otras partes del mundo también denuncian la victimización de los inmigrantes. Un estudio en Sudáfrica, por ejemplo, encontró que el 85% de las personas nacidas en el extranjero que evaluaron habían sido víctimas de crímenes. Los crímenes más comunes fueron el allanamiento de viviendas y saqueos de empresas inmigrantes.

Otros tipos de actividades delictivas que enfrentan los inmigrantes incluyen ser robados mientras migran y experimentan crímenes de odio. Sin embargo, nuestra investigación, así como otros estudios, muestran que las víctimas rara vez reportan este tipo de incidentes a las autoridades por temor a llamar la atención sobre sí mismas y ser víctimas aún más.

## Radicalización y Terrorismo

El terrorismo está constantemente en las noticias. Si bien el número de personas involucradas es relativamente pequeño, todos sabemos que una persona que comete un acto violento puede crear estragos para muchos otros. Sin embargo, como se señaló anteriormente, también es cierto que, basado en su religión y vestimenta, algunos grupos de inmigrantes son a menudo demasiado estereotipados en todos los ámbitos como "terroristas". La relación real entre inmigración y terrorismo no ha sido suficientemente investigada. Un estudio de 2016 encontró que los niveles más altos de migración estaban asociados con un nivel más bajo de terrorismo en el país anfitrión. Al mismo tiempo, los migrantes que provienen específicamente de estados propensos al terrorismo aumentan el riesgo de terrorismo en el país de acogida. Algunos de estos últimos hallazgos pueden ni siquiera involucrar a personas nacidas en el extranjero. Cuando estábamos en una conferencia de 2019 en Londres, por ejemplo, escuchamos preocupaciones anecdóticas de que los combatientes de EIIL, que habían sido expulsados de su territorio en Siria, venían al Reino Unido. Pero estos no eran necesariamente "extranjeros". Algunos eran titulares de pasaportes del Reino Unido que regresaban "a casa".

El tema de la radicalización es muy complejo. En primer lugar, es importante señalar que la expresión de creencias "radicales" o "extremistas" no significa automáticamente que la persona o personas involucradas vayan a cometer violencia. De hecho, entre algunas naciones, incluyendo Estados Unidos, la expresión de ideas radicales, sin la amenaza o la defensa de la violencia, está protegida en la Constitución. En segundo lugar, se han cometido actos terroristas violentos en nombre de múltiples causas. Estos incluyen causas internas e internacionales.

El tiroteo masivo del 3 de agosto de 2019 en nuestra ciudad de El Paso, Texas, no fue perpetrado por inmigrantes, sino que fue provocado por el odio antimexicano. Además, el Buró Federal de Investigaciones de los Estados Unidos (FBI) calificó al creciente extremismo violento interno como la amenaza terrorista número uno en 2021.

Para contrarrestar el radicalismo violento, necesitamos entender las motivaciones, actitudes, puntos de vista del mundo y procesos de pensamiento de los terroristas. "Entender" no excusa ni encuentra fundamentos para sus comportamientos. Más bien, la bien gastada cita de Sun Tzu: (parafraseando) conocerte a ti mismo, conocer a tu enemigo, y ganarás cien batallas sin perder puntos a la sabiduría de identificar lo que estamos enfrentando para encontrar contadores efectivos. Los científicos del comportamiento (por ejemplo, psicólogos) tienen mucho que aportar, pero han sido infrautilizados.

¿Cuáles son algunos conceptos básicos para entender la radicalización? En primer lugar, es importante saber que los extremistas radicales no encajan en un solo perfil. Los que están en puestos de reclutamiento y liderazgo son, por ejemplo, poco probable que vayan a misiones suicidas ellos mismos a pesar de que tratan de atraer a otros que están dispuestos a hacerlo. En segundo lugar, el terrorismo no está necesariamente relacionado con los trastornos mentales, aunque eso tiende a ser una presunción común.

Pero hay algunos factores de riesgo conocidos. Aquellos que son susceptibles a ser reclutados por grupos terroristas a menudo carecen de confianza en sí mismos y se sienten rechazados por la sociedad en general. Creen que no tienen la oportunidad hacia un buen futuro. Luego viene un reclutador que les promete pertenencia, un tipo de familia y hermandad, y un papel central en la creación de un mundo grande y nuevo.

Incluso si mueren, se les promete 1) recompensas en el más allá y 2) que serán recordados como un mártir. Finalmente, algunos grupos radicales prometen cuidar de los miembros de la familia después de la muerte de un "mártir." Esta "propaganda" puede ser profundamente atractiva para alguien que siente que no pertenece a ningún lugar y no tiene futuro.

¿Qué se puede hacer para contrarrestar este tipo de riesgo de radicalización? Una de las vistas más interesantes que hemos escuchado es desde el Centro Soufan. En lugar de una organización de servicio social, este grupo está formado en gran medida por profesionales de la aplicación de la ley y de inteligencia que han trabajado en agencias nacionales e internacionales.

Los Centros Soufan 2017 publicación "Siria; El Nexo de Seguridad Humanitaria" sostiene que, en el caso de los refugiados, las preocupaciones humanitarias y de seguridad no pueden abordarse por separado. Más bien, son dos caras de la misma moneda. Las personas que tienen esperanza de aceptación, oportunidades y un futuro positivo son mucho más capaces de resistir las falsas promesas hechas por los grupos radicales. Esto no sólo puede ayudar a los propios inmigrantes, sino que puede tener efectos de ondulación positivos para sus hijos y los hijos de sus hijos.

Proporcionar vías multifacéticas, organizadas, integradas y coordinadas para los inmigrantes puede proporcionarles una escala para obtener el éxito. El apoyo y la orientación es una acción constructiva más que punitiva. Pero requiere que tengamos una buena evaluación inicial de la necesidades y circunstancias. GIRA busca fomentar dicha evaluación.

## Preguntas

- Si usted fuera víctima de un crimen ¿se sentiría cómodo notificando a la policía u otras autoridades?
- Si no, ¿qué acciones de aplicación de la ley le darían más confianza en reportar que un crimen tendría un buen resultado a usted?
- ¿Siente que usted ha sido sometido a prejuicios y odio?
- ¿Qué te permite perseverar, incluso si has tenido experiencias negativas?

## Recursos

Para obtener más información sobre la lucha contra el extremismo violento, consulte una revisión del tema en: https://www.mei.edu/publications/deradicalization-programs-and-counter-terrorism-perspective-challenges-and-benefits.

# DE *PSICOLOGÍA DEL INMIGRANTE: CORAZÓN, MENTE, Y ALMA*

## FACTORES ESTRESANTES AMBIENTALES Y SUS CONSECUENCIAS PSICOLÓGICAS ESTRÉS DE LA ACULTURACION

Las personas migran por muchas razones; algunas lo hacen por alcanzar avances profesionales en ocupaciones altamente especializadas. Otros lo hacen para escapar de la pobreza y asegurar un futuro mejor para sus hijos. Algunas otras personas migran para escapar la guerra, la persecución, desastres debidos al cambio de clima, y la violencia.

A pesar de los motivos variados, los migrantes comparten en común la realidad que moviendo a un nuevo hogar puede y muy seguido causa estrés. Aun bajo las mejores circunstancias, aprendiendo nuevas costumbres y un nuevo idioma es desafiante para la mayoría de nosotros. En mínimo, un cambio de rutinas personales, ciclos de sueño, y hábitos establecidos son interrumpidos.

Especialmente entre las personas que huyen de la guerra y la persecución, puede haber varios estresores. Estos caen en tres categorías generales. Primero, las personas pueden haber sufrido eventos traumáticos como la guerra, tortura, agresión, incluida la violación, y la pérdida de seres queridos en su país de origen.

En segundo lugar, está el estrés del viaje en sí. Para refugiados y otros huyendo pobreza, el migrar frecuentemente incluye viajar a través de varios países y a veces languideciendo en campamentos para refugiados durante meses o incluso años. El viaje puede llevarlos a través de lugares donde no son bienvenidos y con frecuencia son abusados. Abusos comunes incluye el trabajo forzado, la explotación sexual, extorsión y robo. Los siguientes tres ejemplos ilustran tales viajes.

Los caminos regulares entre los refugiados del Medio Oriente los han llevado de Siria a Libia, y luego a Europa. Los refugiados de África Oriental procedentes de Somalia a menudo escapan a Kenia o Etiopía antes de llegar a sus destinos finales. Mucha gente de América Central cruza a través de México para alcanzar a los Estados Unidos. En tales viajes la explotación de niños, incluyendo los menores no acompañados, es motivo de preocupación especial, ya que son una población altamente vulnerable.

En segundo lugar, incluso en circunstancias positivas, los viajes pueden implicar varias paradas, cada una de las cuales requiere cierta adaptación a las nuevas circunstancias. Pero, como se ha demostrado recientemente a lo largo de la frontera entre los Estados Unidos y México, aceptación en el país de la destinación final está lejos de garantizado. En tercer lugar, está la necesidad de adaptarse al entorno particular del nuevo país. Esto puede requerir que las personas aprendan habilidades rutinarias como la comprensión de signos de conducción nuevos e inclusive en ciertos casos el manejar en diferente lado de la calle. Pero más complejos son los desafíos como el aprendizaje un nuevo idioma y adaptándose a los diferentes sistemas educativos, laborales, costumbres, las leyes y requisitos son común.

Dadas estas condiciones, no es sorprendente que la literatura científica y clínica reconozca el estrés de aculturación (también llamado a veces estrés de inmigración y síndrome de estrés de reubicación) como serio e importantemente necesario de atención y soluciones.

Estos tipos de dificultades lleva por consiguiente el estar listados en libros de diagnóstico formales que identifican problemas psicológicos. Tanto el diagnóstico de la Asociación Americana de Psiquiatría como el de Manual Estadístico de Trastornos Mentales Quinta Edición (DSM-5) y la Clasificación Internacional de Enfermedades Décima Edición (CIE-10) han listado la "dificultad de aculturación" en sus términos.

La CID-10 describe tal dificultad como un "problema con migración" y un "problema con el trasplante social".

¿Qué desafíos a la salud mental enlata ser parte del estrés de la aculturación? La ansiedad, preocupación, depresión, soledad, y en algunos casos severos el abuso de sustancias y alcohol están asociados con el proceso agotador a la salud mental como síntomas asociados con el proceso de adaptación a un país desconocido. Todos estos estresores interfieren con la capacidad de la persona para conectarse con otras que hace que su situación sea aún peor. Sin embargo, vale la pena mencionar que no todos los casos son graves. Algunas personas solo pueden experimentar tensiones leves que mejoran con el tiempo.

El estrés de aculturación también puede manifestarse a través de síntomas físicos. En parte, esto se debe a que la ansiedad a menudo está relacionada con sensaciones fisiológicas, tales como las faltas de aliento y dolores de pecho (más adelante en este libro discutimos en más detalle los síntomas físicos de la ansiedad). Tanto la ansiedad como la depresión también pueden causar irregularidades en el funcionamiento en el corazón y vías sanguíneas, cambios en el apetito y el uso de medicamentos (incluyendo los sin receta médica) puede enlatar además dificultades físicas.

Además, síntomas emocionales, combinados con síntomas físicos y sus reacciones, pueden dejar a las personas aún más susceptibles a otras enfermedades debido a la disminución de la inmunidad. Los problemas entonces pueden volverse mayormente peor cada vez porque esta angustia provoca que la gente no tome el cuidado necesario para ellos mismos. El proceso causa un ciclo en el cual los problemas físicos y emocionales interactúan, se magnifican entre sí y así hace que ambos sean peores. En resumen, el estrés de aculturación afecta a un conjunto complejo de condiciones físicas y mentales.

La falta de acceso a los servicios de salud también exacerba los problemas de la salud y salud mental. El mudarse a un estado o ciudad nueva en el mismo país puede significar cambios en los proveedores de atención médica y a veces cobertura de seguro. Estos desafíos se multiplican al moverse a un país nuevo. El agregar cambios a un nuevo idioma, barreras y un desconocimiento de las políticas y sistemas de salud, complican aún más el estrés de aculturación. ¿Qué tan común es el estrés de aculturación? Eso varía enormemente a través de diferentes poblaciones y circunstancias. La estadística exacta no es muy conocida. Pero es notable que, según una estimación, la prevalencia del desorden de estrés postraumático (TEPT) fuerte entre migrantes es muy alto (47%). Esto es particularmente cierto para los refugiados. El TEPT es mencionado aquí porque mientras eso es no automáticamente lo mismo como el estrés de aculturación, con frecuencia existen conexiones entre los dos.

¿Quién está a mayor riesgo? Tal vez no sea una sorpresa que los niveles de estrés de aculturación estén relacionados con el grado en que el nuevo país es parecido o diferente con el país de origen del inmigrante. Esto incluye el sistema político y las actitudes sociales de la nueva cultura. En resumen, cuando una nueva cultura es bastante diferente de la cultura nativa de un recién llegado, mayor es el grado de estrés de aculturación que podría ser experimentado.

Para los inmigrantes que son muy buscados debido a su experiencia profesional y / o cuyas características físicas, idioma, tradiciones, y religión son similares a la población mayoritaria local, esto probablemente resulte más fácil de asimilarse. Por lo contrario, inmigrantes que se ven "diferentes" y / o que enfrentan unas circunstancias económicas difíciles tienden a tener mayores dificultades de adaptación. Es más probable que estas personas enfrenten estereotipos y actitudes negativas de parte de los nativos del país hacia los recién llegados.

Algunos inmigrantes también tienen conocimientos profesionales y experiencia que no son aceptados en su nuevo país (por ejemplo, abogados, y proveedores de salud entrenados en otro país) y así enfrentan obstáculos educativos y profesionales que ocupan superar. Esto incluye familiarizarse con las normas y prácticas locales. En algunos casos eso incluye además conseguir licencias para practicar en un nuevo país. Dependiendo en dónde migra la persona la aceptación de su educación profesional extranjera en su nuevo país (y luego obtener la licencia en ese país) puede ser bastante difícil.

Otro factor que contribuye al estrés de aculturación es si la migración de la persona fue voluntaria o no. Según una fuente de información, los migrantes que dejaron su país de origen de una manera involuntaria tienden a tener 50% más estrés de aculturación en comparación con aquellos que abandonaron su país de origen en circunstancias más positivas.

Los inmigrantes indocumentados también tienden a experimentar estrés de aculturación substancial. La falta de documentos legales restringe su capacidad de trabajo, los hace más vulnerables a la explotación (laboral en condiciones más peligrosas, salarios bajos o convertirse en víctima de tráfico sexual), y a menudo los deja temeroso de las redadas de inmigración. El resultado de tales redadas puede ser grave en que con frecuencia separan miembros de la familia. Algunos miembros son deportados y otros no lo son. Esto puede ser bastante común. Datos en los Estados Unidos del 2017, por ejemplo, se estimó que existían alrededor de 16.7 millón de familias que incluía tanto a familiares documentados como indocumentados que vivían en la misma casa. Casi seis millones fueron niños nacidos en los Estados Unidos. En adición 4.4 millón niños bajo la edad 18 años vivían con al menos un padre indocumentado. Se estima que medio millón de niños que son ciudadanos estadounidenses experimentaron la deportación de uno de sus padres entre el 2011 y el 2013.

No es sorprendente que las separaciones debido a la deportación sean dolorosas y difíciles para aquellos que están siendo deportados y a menudo angustiantes para los miembros de la familia que se quedaron atrás. Esto puede ser particularmente grave en el caso de los niños. Un informe del Consejo de Inmigración cita los vínculos emocionales entre la deportación de los padres y las expulsiones. Esto incluyó el estrés que puede afectar el desarrollo del cerebro, crear peores resultados educativos y generan participación con los sistemas de bienestar infantil entre menores.

> ### Ejemplo: Un Caso del Dr. Joachim Reimann:
>
> Mientras no implica a niños, este ejemplo de nuestra práctica clínica ilustra los problemas generados por la deportación. Un esposo nacido en los Estados Unidos tuvo que mudarse a Tijuana, México y cruzar la frontera a diario para estar con su esposa que era indocumentada. Aunque él era un miembro en servicio activo de la Fuerzas Armadas de los Estados Unidos. El marido

tenía preocupación particular por la seguridad tanto de él como de su familia. Había secuestros múltiples por rescate en Tijuana en tiempo reciente, y él creía su estado militar lo hacía a él un "objetivo de alto valor" para tal delito.

Más adelante en este libro, cubriremos cómo la documentación sobre cuestiones psicológicas puede ser útil en el proceso legal. Pero para ahora, basta con decir que los procedimientos en cuestión son largos, voluminosos, y difíciles haciéndolos bastante estresantes.

Como se señaló anteriormente, los niños y adolescentes no son inmunes al estrés de aculturación. Esto puede ser generado por un anfitrión de razones incluyendo estatus legal de la familia, y si la migración fue forzada por la guerra o las amenazas criminales porque tales son frecuentemente conectados con baja seguridad económica.

Pero también hay buenas noticias. Durante años, especialmente desde 1986, los investigadores han observado que algunas poblaciones inmigrantes tienden a tener mejor salud física y mental que la de la población nativa con los que viven. Grupos de poblaciones inmigrantes asiáticas, latinos, y del Caribe, por ejemplo, experimentan tasas más bajas de enfermedad mental que sus contrapartes no inmigrantes. Dado los estresores económicos y otros que experimentan, muchos inmigrantes, éste hecho parecer contraintuitivo. Como tal, ha sido etiquetado como el "paradoja epidemiológica," "Paradoja Hispana" o "paradoja inmigrante".

¿Qué explica estas tendencias inesperadas? Un elemento importante puede ser que mucha gente quiénes migran (independientemente de la razón especifica por el cual lo han hecho) tienden a ser optimistas. Puesto a que están dispuestos a renunciar lo conocido y familiar por algo nuevo y en gran parte desconocido. Además, tienes que estar sano para poder experimentar (y sobrevivir) éxodos largos, complejos y potencialmente peligrosos. Los inmigrantes también traen consigo partes saludables de su cultura. Esto incluye dietas saludables que excluyen alimentos rápidos super procesados, mayor actividad física en la que participan, y redes de familia y de apoyo cercanas.

En las casas donde viven generaciones múltiples cuentan con más ayuda. Mientras se consideró que varias personas en una vivienda era una fuente de propagación de COVID-19 durante esa pandemia, los estudios también han encontrado que, entre los grupos de inmigrantes de las Indias Occidentales y América Latina, la multigeneracional, ayuda aumentar la propiedad de vivienda, apoyo emocional entre los miembros de la familia y beneficios prácticos como cuidado infantil más fácilmente disponible.

Además, la religión puede tener un impacto positivo. Un estudio de las mujeres de los países de América Latina informó que el estrés de aculturación era menor cuando tenían mayor fe religiosa. Mientras no como solución íntegra, la oración y otros actos basados en la fe y la meditación de todas formas de creencias enlatar disminuir el estrés. Otros estudios han indicado que el deseo para aculturar ayuda. Esto puede ser provocado por la comprensión por el migrante que la devolución a su país de origen no es deseado o viable.

Los niños y adolescentes tienen ambas ventajas y desventajas. Ellos tienden aprender un nuevo idioma más rápido y tienden adaptarse más fácilmente que sus contrapartes adultas a nuevos entornos. Esto puede tener resultados positivos y negativos.

Los aspectos negativos incluyen el potencial de alterar los roles tradicionales en torno a poder y autoridad en la familia. Los niños y adolescentes se pueden encontrar con responsabilidades en negociando el nuevo país. Por necesidad, frecuentemente ellos se encuentran en el rol de guías e intérpretes para sus padres. Mientras que prácticamente esto sea útil, el cambio de roles en la familia puede enlatar un encuentro con normas tradicionales que causa resentimiento, e impone responsabilidades en los niños por lo que no están listos dado su grado de desarrollo.

Pero a largo plazo, es probable que una aculturación más rápida sea útil para estos niños. Por ejemplo, en un estudio que analizó la adquisición del lenguaje de los adolescentes latinos y el éxito en la sociedad en general, aquellos que habían aprendido más ingles tuvieron experiencias más positivas en muchos aspectos de su nuevo hogar. Sin embargo, como se mencionó anteriormente, la aculturación más rápida también puede enlatar y además imponer conflictos en la familia y crear tipos de dependencia/codependencia.

Para resumir, los factores que pueden hacer que los inmigrantes sean más vulnerables hacia el estrés de aculturación son:

1. Experiencias de trauma en su país de origen y/o durante sus viajes a un nuevo país;
2. Experiencias de discriminación y la no aceptación en el nuevo país;
3. Cambios negativos en el estatus socioeconómico y/o en curso pobreza;
4. Inmigrantes de mayor edad tienden a tener más dificultades en aprender nuevas costumbres y un nuevo idioma;

Factores que tienden a proteger contra el estrés de aculturación pueden incluir:

1. Similitudes las culturas entre el país de origen y el nuevo país.
2. Si el mismo idioma es común en el país de origen y el nuevo país;
3. El inmigrante tiene habilidades y experiencias que son altamente valiosas en su nuevo país.
4. El inmigrante es físicamente similar (en términos de raza y características étnicas) a la población mayoritaria en el nuevo país y, por lo tanto, tiende a "mezclarse";
5. Inmigrantes tiene sistemas de apoyo familiares y sociales fuertes.

## El Trauma: La Violación, La Tortura, y Otras Lesiones

Como señalamos anteriormente, la realidad de experiencias traumáticas es, desafortunadamente, demasiado común entre los migrantes que se ven obligados a huir de su país natal y para los que tienen pocos medios económicos. Esta sección explora el tema del trauma entre los inmigrantes en mayor detalle.

El número exacto de inmigrantes con la experiencia de trauma en 1) su país de origen, 2) durante el viaje migratorio, 3) en su país adoptivo o 4) en alguna combinación de estos conjuntos es desconocido. Archivos al respecto de gobiernos y otras organizaciones son a menudo escasas o inexistentes. Los inmigrantes también pueden dudar en reportar incidentes traumáticos, temiendo que hacerlo les atraiga atención no deseada. Pero si existe cierta información.

Por ejemplo, para los inmigrantes que experimentan una migración forzada y aquellos sin estado legal están a un riego particular hacia el trauma. Un informe en 2018 del Washington

Examiner noto unas 2,200 muertes, 180,000 violaciones y sexo forzado, 81,000 casos de ser forzado a contrabandear drogas y 27,000 casos de tráfico de personas durante un solo año.

Algunas estadísticas de ubicaciones específicas son las siguientes: La migración hacia los Estados Unidos de México y América Central ha sido substancial por muchos años. Un informe por el Centro para Estudios de Inmigración afirma que entre los migrantes de Triángulo Septentrional de América Central (Honduras, Guatemala, El Salvador) el 68.3% reportó ser víctima de violencia. Además- un 38.7% dijo que sufrió dos incidentes de este tipo y el 11.3% citó tres incidentes. Los encuentros violentos para el migrante pueden ocurrir en su país de origen y en los viajes a sus destinos.

Episodios violentos específicos incluyeron varios tipos de agresiones físicas y abuso sexual. Siete por ciento (7%) de estos migrantes habían sido disparados con una pistola. Autores de esta violencia hacia los migrantes durante el viaje migratorio incluyen pandillas criminales y miembros de las fuerzas de seguridad locales.

Además, se denunciaron muchos incidentes de explotación. Esto incluía extorsionar sobornos monetarios, así como exigir sexo como pago por viaje, protección y refugio. En nuestra práctica clínica, hemos oído de chicas jóvenes de 13 años que fueron explotadas sexualmente, y algunas de las cuales quedaron embarazadas.

En particular, las personas que cruzan la frontera entre Estados Unidos y México no solo son de países latinoamericanos. Algunos se originaron en el Medio Este y otras ubicaciones. Anecdóticamente también hemos escuchado que una ruta bien transitada comienza con un viaje a un país europeo. Para migrantes con medios económicos, éste es seguido por un vuelo a la Ciudad de México u otra ciudad de México importante, presumiblemente porque los requisitos de entrada allí son más relajados. Estas personas luego toman un vuelo local a una ciudad fronteriza entre Estados Unidos y México como Ciudad Juárez o Tijuana México. Finalmente, ellos mismos se presentan como solicitantes ante las autoridades de los Estados Unidos o simplemente cruzan la frontera. El número de personas que han viajado tales rutas y que han experimentado un evento traumático es desconocido. Pero dado a que ellos han huido sus hogares es muy probable que lo han hecho debido a que se encontraban en alguna forma de amenaza. Se especula que los números de personas en esta situación es substancial.

Algunas estadísticas de Europa están disponibles. La Agencia de los Derechos Fundamentales de la Unión Europea (FRA) reconoce que más agencias de gobierno de la UE no recogen información sobre experiencias traumáticas. Pero entre sus estados miembros, los Servicios de Asilo en Grecia informó que, en el 2016, 577 de sus solicitantes habían sobrevivido torturas, violaciones u otros actos de violencia sexual. La mayoría de estos eran de Siria, Irak y Afganistán.

Si bien las estadísticas claras son nuevamente escasas, la FRA también ha reportado que la policía y otros funcionarios de seguridad han empleado el uso de fuerza excesiva y abusos relacionados contra los inmigrantes que llegan a Europa. Los incidentes específicos incluyen el uso de perros desenfrenados, el uso espray de pimienta, palizas, intimidación verbal y quitarles ropa que les proteja contra el frio. Los países implicados como autores han incluido Hungría, Bulgaria y Grecia.

En nuestra propia investigación con las poblaciones africanas y del Medio Oriente de San Diego, encontramos que la mayoría de los inmigrantes (56%) nos informó que habían experimentado alguna forma de persecución en sus países de origen. De estos 17% habían sido torturados, más comúnmente por sus creencias religiosas, culturales, y por sus origines de tribu. Otro 37% reconoció haber vivido alguna forma de acoso una vez en los Estados Unidos. Esto incluyó crímenes de odio. Nuestras experiencias clínicas demuestran que las circunstancias no han disminuido de a un grado destacado con el transcurso del tiempo.

Nuestro trabajo clínico demás ha incluido servicios con personas que han reportado haber experimentado la tortura. Alguno incidentes fueron perpetuados por individuos participantes en grupos criminales brutales. Otros se trataban de la tortura organizada patrocinada por el gobierno que seguía a un sistema de protocolo y tenía una motivación política.

Un ejemplo típico de un país del Medio Oriente es cuando las autoridades locales detuvieron a personas y las acusaron de sedición contra el gobierno. La mayoría de las veces estas personas pertenecían a grupos religiosos y/o étnicos minoritarios y pueden haberse negado a unirse al partido político gobernante. La mayoría de las veces no fueron parte de un grupo de resistencia organizada posiblemente porque tales organizaciones tienen mejores medios para proteger a sus miembros.

Los individuos del ejemplo fueron encarcelados y puestos en una celda oscura donde estaban aislados, pero podían escuchar los gritos de otros reclusos que presuntamente estaban siendo torturados. Se les negó en gran medida comida e instalaciones sanitarias. Luego fueron interrogados repetidamente y golpeados. En un caso particular del que fuimos informados consistió en un arrestado que fue detenido, golpeado y en seguida, trajeron a su madre, la cual desnudaron y golpearon en frente del él. También los carceleros llevaban a los reos a un patio donde se les decía que serían asesinados allí. Después de repetidas palizas, intimidación, aislamiento y amenazas de muerte, a las personas se les daba la posibilidad de salir de la prisión. Específicamente, se les dijo que necesitaban hacer una confesión escrita de sus crímenes (a menudo inexistentes) contra el gobierno y acordar a espiar a sus familiares, amigos y vecinos si querían ser liberados. Luego tuvieron que reportar al gobernó cualquier actividad presumiblemente sospechosa. No es sorprendente que las personas a menudo estuvieran de acuerdo con estos términos para que pudieran salir de la prisión.

Algunas de estas personas, las que han experimentado éstas clase de tortura entonces deciden huir el país. Este proceso también está plagado de peligros políticos. Algunos son capturados sin documentación en otro país y enviados de vuelta a casa. Allí se les considera haber violado su "acuerdo" además al huir, así creando que ambas circunstancias enlatan a conducir a castigos aún más severos, incluyendo la muerte. Además, algunas de estas personas se ven como haber cooperado con sus captores antes de irse y así ser identificados como los perpetradores de violencia por sus compañeros migrantes una vez en el extranjero.

## El Duelo No Resuelto

No es sorprendente que incidentes y circunstancias como las descritas con anterioridad a menudo conduzcan a un dolor y pérdida profundo. Esto será nuestro tema próximo.

**Muertes de los migrantes**: Una fuente de angustia psicológica para algunos inmigrantes y sus familias es la experiencia del dolor debido a que muchos han perdido a uno o varios de sus seres querido/s por la guerra, persecución, violencia a manos de pandillas y otros incidentes. Es posible que otros no sepan si los familiares perdidos o secuestrados siguen vivos. Tales eventos pueden suceder, tanto en el país de origen del inmigrante o durante el trascurso de su viaje hacia un nuevo hogar. Si estas circunstancias no se resuelven, se puede desarrollar un problema grave conocido como el "duelo complicado".

Las posibilidades de muerte entre las personas que viajan a un nuevo país pueden ser substanciales. No existe modo de saber el número exacto de personas que han perdido la vida durante el proceso migratorio. Muchos de estos incidentes no se registran. Pero varias organizaciones internacionales e iniciativas locales han intentado documentarlos. Aquí presentamos algunas estimaciones.

A un nivel global, más de 75,000 muertes de migrantes se ha registrado desde 1996. Tales estadísticas no solo resaltan el impacto de las muertes de los migrantes, pero además dan a luz el impacto potencial de esos incidentes en los miembros de familia y a quienes se quedan atrás.

El Proyecto de Migrantes Desaparecidos por la Organización de Internacional de Migración (OIM) es un esfuerzo para entender esta estadística. La OIM combina datos de muchas fuentes diferentes y utiliza esa información para entender el número de muertes de personas durante el proceso de migración al nivel internacional. Eso además incluye el número de migrantes que han desaparecido mientras viajan sobre cuerpos de agua (principalmente en barcas). De un punto de vista práctico y político, esto puede ayudar a identificar las muertes que ocurren en varias fronteras, señalando especialmente las rutas peligrosas. Sin embargo, las cifras no suelen incluir las muertes que ocurren en campos de refugiados, centros de detención, durante deportación, o cuando los migrantes se vieron obligados a regresar a su lugar de origen.

Los datos que muestran tales tendencias recientes de muertes y desapariciones al nivel mundial del OIM incluye más de 33,400 mujeres, hombres y niños desde la organización comenzó a registrar tal información en el año 2014. La mayoría de estas muertes (18,500) se han registrado al cruce del mar Mediterráneo. La ruta del mediterráneo central desde África del Norte hacia Italia cuenta en su mayoría por el número de estas muertes y desapariciones reclamando 15,500 vidas entre enero 2014 y octubre del 2019.

Además, más de 7,400 muertes han sido contados a través del continente africano. Muchos de estas ocurrieron cuando la gente intentó cruzar el desierto del Sahara. Además, más de 3,000 muertes han sido atribuidos por migraciones en Asia más recientemente enlazado por migraciones de Myanmar por el pueblo Rohingyá (un grupo étnico en la región). En América Central más de 3,600 personas han sido reportados como desaparecidos durante una migración desde el 2014. Aproximadamente el 60% de estos números fueron documentados en la frontera entre Estados Unidos y México. Los incidentes de las muertes de migrantes pueden llegar a ser particularmente impactantes cuando ocurren cerca de la casa de uno, incluso cuando no involucran a personas que uno conoce personalmente. Por la mañana del 2 de mayo de 2021, cuando escribíamos este libro en el condado de San Diego, una cabaña de crucero de 40 pies con un estimado de 30 migrantes indocumentados a bordo, golpeó un áspero arrecife en las aguas de una de nuestras playas locales. A pesar de intensos esfuerzos para salvar a los ocupantes, unas cuatro personas murieron y muchas más fueron hospitalizadas. El bote era supuestamente inseguro ya que el gol primario para los contrabandistas es su propio beneficio y no el valor humano. Lo que le sucede a la gente es en gran medida irrelevante para ellos si han logrado sus beneficios personales.

Tales incidentes no son infrecuentes. En noviembre del 2021, veintisiete migrantes se ahogaron mientras intentaban cruzar el Canal de la Mancha saliendo de Francia queriendo llegar al el Reino Unido. La sobrecarga del bote hinchable hizo que se volcara. Dentro de los muertos supuestamente iban incluidas cinco mujeres y una niña. Las personas de África y los países del Oriente Medio evidentemente ven al Reino Unido como el mejor destino para ellos debido a que allí se habla inglés, y para algunos de ellos ya tienen parientes en el Reino Unido y supuestamente es más fácil obtener trabajos allí debido a que las leyes de inmigración son más relajadas.

El Proyecto Migrantes Desaparecidos de la OIM es importante por varias razones. Las estadísticas que este proyecto genera pueden ser usados por gobiernos para evaluar los riesgos de las rutas comunes de migración y entonces diseñar políticas y programas para hacer que el proceso sea más seguro. El Proyecto también apoya a las personas que están buscando seres queridos perdidos haciendo referencias a la Red de Restauración de Vínculos Familiares operada por las Cruz Roja y por de la Medialuna Roja (FICR).

Dadas estas estadísticas, probablemente no es sorprendente que las circunstancias descritas anteriormente pueden conducir a la angustia emocional entre poblaciones de inmigrantes. La siguiente sección toca las maneras en que tal angustia puede tomar.

**El Duelo Complicado**: Al considerar los números citados anteriormente, es fácil notar que el dolor por el duelo y en su forma más grave duelo complicado son problemas comunes entre los inmigrantes. Como tal, estas condiciones son frecuentemente tratadas por psicólogos, psiquiatras y otros profesionales de la salud mental que trabajan con estas poblaciones. La mayoría de las personas experimentamos la angustia de perder a un ser querido en algunos puntos de nuestra vida. Para la gran mayoría de nosotros el dolor del duelo es normal e implica un período de tristeza, dolor, desapego e incluso sentimientos de culpa e ira por la pérdida. Es probable que la gente continue extrañar y recordar su ser querido. Pero con el tiempo, la intensidad emocional relacionada con la pérdida será menor. Éste es una parte natural del proceso de sanación.

Cuando las personas trabajan a través del duelo, generalmente pasan por diferentes etapas del proceso de duelo. El orden exacto y duración de cada fase varía de persona en persona.

Según Kübler-Ross, el duelo generalmente comienza con la negación que la pérdida es real. Esto a menudo es seguido por la ira por la injusticia de la pérdida. Esta ira puede estar dirigida a personas que son vistas como haber provocado la pérdida o como autoculpa. Algunas personas se vuelven muy deprimidos, sintiendo que la esperanza de una vida mejor se ha ido. Finalmente, mucha gente llega aceptar la realidad de la muerte de un ser querido. Ellos, además ajustan sus nuevas vidas, con planes y sueños para el futuro y así poder sentirse esperanzados y ganar de nuevo relaciones sanas.

En los casos en que la muerte es causada por violencia o actos criminales, las personas también pueden encontrar consuelo si creen que el perpetrador ha sido traído hacia la justicia. Inclusive, algunos de ellos pueden encontrar en sí mismos la probabilidad de perdonar al ofensor.

Pero para otros una pérdida así es devastador y la angustia emocional no termina o disminuye con el paso del tiempo. Clínicamente entendemos esta experiencia como "duelo complicado" o "desorden del duelo persistente complejo". En tales casos emociones dolorosas y los sentimientos de la pérdida siguen siendo tan graves y duraderas que es extremadamente difícil para que la persona pueda recuperarse y regresar una *"vida normal"*.

Pongámonos a considerar las similitudes y diferencias que existen entre el duelo común y duelo más complicado: Como se señaló anteriormente, experiencias ordinarias entre las personas que sufren el duelo incluye el dolor y tristeza por la pérdida de su(s) ser querido(s). Este estado empeora cuando el afligido se encuentra con lugares y personas que les recuerdan a la(s) persona(s) que perdieron.

Al principio, es difícil diferenciar entre el duelo común y el duelo complicado. Durante los primeros meses después de la pérdida, muchos síntomas relacionados con el duelo normal y el duelo complicado son los mismos. Pero, aunque normales, los síntomas de duelo comienzan a desvanecerse gradualmente con el tiempo, los del duelo complicado permanecen o empeoran.

Algunos indicadores del duelo complicado son los siguientes: Las personas continúan teniendo la experiencia del dolor intenso y se preocupan de la pérdida de su querido. Ellos además continúan sentir un intenso añoro por el ser querido fallecido. Hay poco enfoque en cualquier otra cosa sino solo por el querido y de su muerte. Tienden a tener una fuerte reacción emocional negativa hacia los lugares, individuos y circunstancias que les recuerdan del ser amado perdido y evitan tales circunstancias.

Para las personas con el duelo complicado además tienen la experiencia de sentimientos de destacamento y entumecimiento emocional. Ellos empiezan a tener un sentido de amargura acerca de su pérdida creyendo que su vida ya no tiene significado o propósito. Ellos parecen incapaces de disfrutar de nada o pensar en recuerdos positivos con los que compartieron su ser querido perdido. A menudo, comienzan a desconfiar de otros que, en su opinión, "no es posible que entiendan" la experiencia como la persona que sufre del duelo.

Los problemas que pueden surgir del duelo complicado pueden ser severos y duraderos. Las personas en esta categoría tienen una capacidad reducida para pensar de cualquier otra cosa que su duelo, y tienen dificultad de aceptar la muerte de su ser querido. El enojo y amargura acerca de la muerte puede hacer que pierdan la esperanza en la vida. La participación en actividades que fueron parte de la rutina diaria antes de la perdida se vuelve difícil para las personas que padecen del duelo complicado. Se retiran de otra gente por sentirse culpables de no haber sido capaz de impedir o prevenir la muerte del ser querido y concluyen que la vida para ellos ya no vale la pena vivirla. Con frecuencia, para muchos de ellos desean haber muerto con su ser querido. Inclusive, muchas de estas personas comienzan a considerar aun el suicidio. Además, muchas de estas personas empiezan a experimentar síntomas físicos asociados con la ansiedad. Estos pueden incluir dificultad para respirar y dolores en el pecho u otros dolores corporales. El estrés también puede debilitar el sistema inmunológico, aumentando el riesgo de enfermedad física (por ejemplo, enfermedad cardíaca, cáncer o presión arterial alta). También puede haber una superposición sustancial entre el duelo y el trastorno de estrés postraumático (TEPT). Discutimos el TEPT en detalle a continuación.

Los expertos en salud mental no entienden completamente por qué algunas personas quién han sido expuesto a circunstancias similares desarrollan el duelo complicado mientras que otros no. Parece ser que son varios factores implicados. Estos incluyen tal vez una predisposición genética o tipo de personalidad de haber adquirido métodos para hacer frente al mundo y al estrés.

Las personas de mayor edad y las mujeres parecen ser más vulnerables y a riesgo de desarrollar el duelo complicado. Otras circunstancias que aumentan estas posibilidades de desarrollar dicho dolor incluyen una muerte inesperada o particularmente violenta (por ejemplo, un accidente de automóvil, accidente violento, asesinato guerra o suicidio), la muerte de un niño y el haber sido muy dependiente de la persona difunta, la persona pérdida tenía un enlace fuerte (por ejemplo, cuando otros culpan a la persona afligida por el muerte), un historia de otro trauma y/o trastorno emocional y el estrés adicional en la vida. Los investigadores no tienen mucha información sobre la prevalencia del duelo complicado entre grupos nacionales específicos. Sin embargo, un estudio informó que mientras depende de cual país de dónde son, es más común estimar que el 32% de los inmigrantes experimentan tal dolor. El dolor del duelo entre los inmigrantes puede aumentar cuando miembros importantes de la familia no están presentes para ayudar y la vida en el nuevo país limita el grado a qué prácticas tradicionales de entierro se pueden seguir.

Una clave para diagnosticar y tratar el duelo y el duelo complicado es reconocer los contextos culturales y religiosos que son el marco de la experiencia individual. Pero aun cuando alguien encuentra similitudes entre los antecedentes culturales y religiosos de una persona, siempre hay diferencias individuales que necesitan ser consideradas y respetadas.

En resumen, el duelo complicado puede tener un impacto físico, mental y social entre los inmigrantes. Los que han tenido que huir de sus hogares debido a la guerra, la pobreza y la violencia criminal están a un riesgo particular. A menudo emprenden viajes largos y peligrosos. En seguida se describen algunas consideraciones básicas para lidiar con el duelo. Éstas son seguidas por una discusión acerca de la resiliencia contra el duelo complicado.

**Cuando Debemos Considerar Buscar la Ayuda Profesional:** Algunas personas resisten buscar servicios profesionales porque temen que serán juzgados y ridiculizados. Esto puede deberse a que amigos y miembros de la familia ya han criticado sus comportamientos de duelo ("ya ha pasado tiempo y ya deberías haber terminado con eso-tu sufrimiento por ahora"). Pero los profesionales de la salud mental son más conscientes de que cada persona necesita su propio ritmo y en su propio tiempo.

Sin embargo, es buena idea ponerte en contacto con tu médico o un profesional de salud mental si tú sufres de dolor intenso y tienes problemas funcionando. El tiempo que las personas toman para llorar varía mucho. La gente no debe temer buscar ayuda. Ciertamente, si la angustia emocional no mejora en un año, el buscar tratamiento profesional es aconsejable.

El cómo prevenir el duelo complicado no está del todo claro. El buscar asesoramiento poco después de una pérdida puede ayudar, especialmente para las personas con mayor riesgo de desarrollar un duelo complicado. Nos dirigimos a varios tratamientos formales más adelante en este libro. Pero por ahora aquí hay algunos pensamientos iniciales sobre las formas en que pueden hacer que el dolor sea más manejable.

- **Platicando**: Cuando gente habla acerca de su dolor y permitirse a ellos mismos mostrar sus emociones (como llorar). Esto puede reducir la oportunidad de ser abrumado por su tristeza. El llanto es un sentido que nuestro cuerpo usa para manejar y descargar el estrés.

- **El Apoyo**: En circunstancias ideales miembros de la familia, los amigos, las redes de apoyo social y las comunidades de fe pueden ayudar a las personas a superar su dolor. Algunos grupos de apoyo se enfocan en un tipo particular de pérdida tal como la muerte de un esposo o un niño durante la guerra. Tener la experiencia con personas en circunstancias similares que han progresado en el proceso del duelo pueden demostrar que mejorar es posible.

· **Afrontamiento basado en la cultura**: Si bien la muerte es universal, varias culturas tienen diferentes maneras para tartar con la pérdida y el dolor. Por ejemplo, el Día de los Muertos (noviembre 1 & 2) es una fiesta mexicana que se superpone con ceremonias Católicas Día de Todas las Almas es observado en muchos países. Esta celebración permite a familiares y amigos recordar y honrar a sus difuntos celebrando sus vidas. Ahí que la gente construye altares en sus casas, hacen ofrendas y visitan tumbas con regalos. Esta práctica no es la misma que, pero tiene algún parecido con la veneración de los antepasados practicado por la tradición China Taoísta. Eso es basado en la creencia que los familiares fallecidos siguen existiendo; sus espíritus cuidan de sus familias y tienen influencia sobre las fortunas de los que viven. Les corresponden a los miembros de la familia vivos mantener felices a los antepasados en el mundo espiritual. Ambos de estos ejemplos son rituales y creencias que honran y recuerdan al difunto con alegría en lugar de enfocarse en la pérdida de su muerte. En parte esto sirve para reforzar la continuidad de la línea familiar.

Nuestros clientes a menudo nos enseñan bastante acerca de la supervivencia y resiliencia cuando estamos llevando a cabo la terapia. Aquí hay un ejemplo de nuestra práctica.

**Ejemplo, caso de Joachim Reimann:**

Un paciente llegó a nuestra oficina en angustia emocional. Ella había escapado persecución política en un país Europeo Oriental y había tenido éxito en establecer una vida nueva en los Estados Unidos. Ella se había casado y estaba planeado tener hijos. Pero luego el esposo murió en un accidente.

Esta mujer joven se describía así misma como teniendo la capacidad de controlar sus emociones bajo circunstancias habituales. Pero había perdido ese poder cuando murió su esposo. Conmovedoramente, relató un incidente durante una conversación con un compañero de trabajo, la respuesta del compañero fue que era "increíble" y "sobreviviste". Sin pensarlo, la paciente respondió: "no, lo sobreviví". Ella misma no había estado en el accidente, y no padecía de alguna herida. La respuesta inmediata de la paciente parecía ser que se refería a su funcionamiento psicológico.

La paciente estaba correcta e incorrecta en su respuesta. Ya que ella no quedó exactamente como era antes del accidente de su marido. Eso la cambio. Por lo tanto, su "ella" no sobrevivió. Pero con el tiempo ella fue capaz de honrar la memoria de su marido viviendo la vida que ella sabía él hubiera querido por ella.

Por su descripción parecía que él claramente la quería y así ella decidió seguir adelante para que fuera una realidad.

## Trastorno del Estrés Postraumático

La mayoría de los psicólogos, psiquiatras y otros tipos de proveedores de servicios de salud mental usamos diagnósticos estándar descritos en la Clasificación Internacional de Enfermedades o, en los EE. UU., el Manual de Diagnósticos Estadísticos para decidir y figurar de que puedan estar sufriendo nuestros pacientes. Esto nos ayuda a decidir cómo proveerles de un tratamiento mejor.

El trastorno de estrés postraumático (TEPT) es uno de esos diagnósticos. Generalmente se define como una condición mental que puede ocurrir si una persona ha experimentado directa o personalmente o presenciado uno o más eventos traumáticos(s) o aprendió que tal(es) evento(s) le(s) sucedió a un ser querido o experimentó una exposición repetida o extrema a los detalles adversos de uno o más tales eventos.

Síntomas del TEPT incluyen tales como pensamientos intrusos acerca del trauma ("flashbacks"), problemas para dormir, pesadillas, episodios significativos de ansiedad, sentimientos de irrealidad, aislamiento de otros, agitación/irritabilidad, sobresaltar, depresión, problemas de concentración y reacciones físicas a situaciones que recuerdan a la persona del trauma que han experimentado. Más adelante en esta sección entramos en mayor detalle sobre las diversas experiencias que se pueden presentar en las personas con el TEPT.

Sospechamos que no es de extrañar que el TEPT pueda ser un problema para los inmigrantes que han experimentado eventos muy graves como la guerra, la persecución, amenazas criminales, extorsión, agresión sexual, lesiones físicas y otras experiencias similares. Estimaciones específicas varían de aproximadamente 30% entre adultos sirios a un alto del 76% entre niños sirios. Un estudio encontró que acerca de un 9% de adolescentes inmigrantes latinoamericanos y un 21% de sus guardianes estaban en riesgo de desarrollar el TEPT. Esto se compara con entre el 1% y el 6% de personas que padecen del TEPT en la población adulta general en todo el mundo.

Las fuerzas militares de los Estados Unidos se retiraban de Afganistán mientras escribíamos este libro. El impacto psicológico de este evento en la población afgana es todavía desconocido. Pero informes de noticias constantemente publicó multitudes de personas desesperadas en el aeropuerto de Kabul que intentaban salir del país entre el 14 y el 31 de agosto, 2021. En general, los esfuerzos combinados de los EE. UU. y sus aliados evacuando más de 114,000 personas hacia varias naciones después de la toma al poder por los talibanes. Toda información disponible indica que la gente va a continuar a huir del nuevo régimen. Por lo cual es altamente probable que los países de acogida de refugiados afganos verán un alto número de inmigrantes con TEPT en esta población.

Las historias personales de los refugiados afganos son a menudo frustrantes, así como inspiradores. Un artículo del 13 de mayo, 2022, en la revista La Semana, por ejemplo, describe miembros del Pelotón Táctico Femenino, una unidad militar y élite afgano que había dado soporte a las Special Forces del EE. UU. en la búsqueda de combatientes talibanes. Como mujeres, podían reunir inteligencia más fácilmente de otras mujeres. Según todos los informes, estas mujeres tuvieron mucho éxito en sus misiones. Pero con la retirada de los EE. UU. estas defensoras tenían que huir de sus hogares. Según el mismo artículo, al menos una de ellas estaba trabajando en un establecimiento de comida rápida en los Estados Unidos. Dada su habilidad probada, determinación, valor y apoyo de los objetivos de EE. UU., parece muy probable que las veteranas de la

Táctica Femenina tendrán más que éxito en sus nuevas vidas. Sin embargo, también demanda que su nuevo país reconozca talento probado y ayude a estas mujeres alcanzar el éxito.

Como previamente mencionado la invasión rusa de Ucrania ha creado otra situación en cuál muchos han y continúan huyendo de su hogar. Mientras escribimos este libro, el resultado final de esta guerra es desconocido. Pero ilustra que una crisis de refugiados enlata impacto a gente de todos niveles socioeconómicos. También es notable, que dependiendo de cómo se resuelva el conflicto, muchos ucranianos pueden desear regresar a casa y reconstruir su país en lugar de ser inmigrantes permanentes en otras naciones. Por lo tanto, la huida de Ucrania es temporal o causará un cambio permanente en las poblaciones de los países de acogida, sigue siendo una pregunta abierta. Pero parece muy probable que muchos refugiados ucranianos sufran de trastorno de estrés postraumático.

*Historia y Contextos Culturales:* Relaciones entre eventos traumáticos y síntomas "nerviosos" posteriores o psicológicos han sido reconocidos a través de la historia humana. Estas relaciones han tenido etiquetas tales como sustos, (alma pérdida o miedo del alma) en las culturas latinoamericanas, y ataques khyâl ataques (de viento) en las tradiciones camboyanas.

En las sociedades occidentales esto se conoce y es ahora llamado PTSD, pero tiene una multitud de etiquetas previas. En el siglo 19º se incluyó como "shock nervioso". En el campo militar y de durante las primeras décadas de 1870, en la Guerra Civil de los Estados Unidos, los registros de guerra describen una condición llamada "corazón de soldado" o "corazón irritable" conectado con el estrés del combate. Luego en la Primera Guerra Mundial, una condición llamada "choque de proyectiles" fue descrito. Durante la Segunda Guerra Mundial, el término "choque de proyectiles" fue reemplazado gradualmente por "neurosis de combate". Otras etiquetas usadas a través del tiempo han sido "neurosis de terror" "(schreckneurosa), "reacción neurótico agudo," "neurosis activada," "síndrome de ansiedad post accidente" e "histeria postraumática". Durante el conflicto entre los Estados Unidos y Vietnam "fatiga de batalla" era frecuentemente discutido. Finalmente, en el año 1980 "trastorno de estrés postraumático" se convirtió en el término oficial para este problema.

¿Por qué algunas personas desarrollan dificultades psicológicas a partir de trauma y otros no? Factores genéticos, físicos y sociales hacen que algunas personas sean más susceptibles para el desarrollo del TEPT después de una experiencia traumática. La combinación del trauma pasado y los factores estresantes continuos a largo plazo pueden empeorar los síntomas y pueden ser particularmente comunes entre personas quienes han vivido migraciones forzadas peligrosas. Éste fenómeno es a veces referido como TEPT complejo en la literatura científica. En uno de nuestros estudios, por ejemplo, encontramos que los inmigrantes del Medio Oriente y África Oriental que habían experimentado múltiples traumas en sus vidas tenían más y síntomas más fuertes que aquellos quienes no vivieron tales experiencias. Dado este tipo de evidencia el TEPT complejo probablemente será considerado para inclusión en ediciones futuras de la Clasificación Internacional de Enfermedades.

En resumen, los criterios, parafraseados del DSM-5 utilizados para diagnosticar el TEPT y complementados con algunos ejemplos específicos para poblaciones inmigrantes son:

A. La persona ha experimentado un evento que amenazó a su persona o a alguien con muerte, herida seria, o violencia sexual en una (o más) de las siguientes formas:

1. La persona ha experimentado directamente un evento o eventos traumáticos. Entre las personas que han tenido que huir de su país de origen (y / o están en camino a un nuevo país), esto puede incluir ser herido, violado, torturado, robado o dañado en alguno otro sentido.

2. El individuo fue testigo personal del evento (s) mientras ocurrió, les sucedió a otros, como amigos o familiares. Esto también es una experiencia común entre las personas que han sufrido migraciones forzadas.

3. La persona se ha enterado que uno o más eventos traumáticos le sucedió a un miembro familiar o amigo cercano. Tal evento o eventos deben haber sido física o psicológicamente muy violento. Para algunas personas por ejemplo el aprender que sus seres queridos han sido matados, secuestrados o perdidos, así como cuando su estado y paradero son desconocidos. A veces la gente nunca aprenderá de lo que les sucedió a sus seres queridos.

4. La persona repetidamente escucha acerca de los detalles involucrados en el evento o eventos traumáticos. Por ejemplo, las personas pueden ver los restos de un ser querido incluso si no vieron la muerte en sí, o escuchar repetidamente los detalles de la muerte o lesión grave de un ser querido o de otros. Cobertura mediática de la guerra de Ucrania que muestra a civiles asesinados que yacen en la calle es un triste ejemplo.

B. Uno (o más) de los siguientes síntomas asociados con el evento o eventos traumáticos son experimentados:

1. Recuerdos repetidos, no deseados y angustiantes del evento o eventos traumáticos. La gente trata de evitar estos recuerdos, pero frecuentemente no lo pueden lograr.

2. Sueños angustiosos / pesadillas repetidas relacionados con el evento o eventos traumáticos.

3. Experiencias en las que la persona siente o actúa como si el evento traumático estuviera ocurriendo otra vez. En casos extremos, las personas están tan abrumadas por tales experiencias que no son conscientes de su entorno real en el momento.

4. Angustia psicológica intensa o prolongada al experimentar sensaciones, ver lugares o escuchar cosas que los recuerdan de su experiencia(s) traumática(s). Un ejemplo puede incluir ruidos fuertes que para ellos son igual que las explosiones que escucharon durante la guerra o informes de noticias sobre accidentes o desastres.

5. Reacciones importantes físicas a circunstancias que simbolizan o se asemejan a un aspecto del evento o eventos traumáticos que la persona había experimentado. Esto puede incluir un aumento en los latidos del corazón, el sudor, las náuseas y otros síntomas físicos.

C. Una tendencia constante para evitar varios recordatorios conectados con el evento o eventos traumáticos. Esto puede enlatar uno o ambos de los siguientes:

1. Las personas con TEPT tienden a hacer (a menudo sin éxito) esfuerzos para evitar recuerdos, pensamientos o sentimientos que en algún sentido este ligado con el evento traumático(s).

2. Las personas con el TEPT tienden hacer esfuerzos a evitar/recordar personas, lugares, situaciones y otras circunstancias que producen recuerdos angustiantes del trauma que han experimentado.

D. Cambios negativos en los pensamientos y el estado de ánimo relacionados con el evento(s) traumático(s). Estos comienzan o empeoran después que los eventos del trauma han ocurrido, e incluyen dos más de los siguientes desafíos:

1. Dificultades para recordar algunos detalles del (los) evento(s) traumático(s) (aunque otros detalles pueden ser bastante vívidos). En este caso se presume que los problemas de pensamientos y memoria no son causados por lesiones en la cabeza, el uso de alcohol o drogas, u otras Cuestiones psicológicas.

2. Creencias y expectativas constantes y exageradas (por ejemplo "soy una mala persona". "Las cosas malas que sucedieron fue por culpa mía", "No se le puede tener confianza a la gente de este mundo". "El mundo es completamente inseguro")

3. Pensamientos constantes e inexactos sobre la causa y/o los resultados del evento traumático que lleva a las personas culparse a sí mismas y o a otros.

4. Sentimientos persistentes de miedo, horror, enojo, culpa o vergüenza.

5. Falta de deseo de participar en actividades que en un tiempo les era agradables. A veces esto implica casi la retirada completa de los demás.

6. Sentirse desconectado de otras personas, incluyendo los amigos y familiares.

7. Una incapacidad constante de poder sentir emociones positivas como la satisfacción o el amor.

E. Aumento de reacciones negativas que comienzan o empeoran después de haber experimentado uno o más eventos traumáticos. Esto usualmente implica dos o más de los siguientes:

1. Comportamiento malhumorado o arrebatos de ira (por poca o ninguna razón) son típicamente expresados como ataques verbales o físicos hacia personas u objetos.
2. Comportamiento imprudente o autodestructivo. (esto es particularmente verdadero en niños quién tienen el TEPT.)
3. Hipervigilancia. (Este es un estado mayor de alerta. Las personas que están experimentando TEPT están sumamente alerta a peligros ocultos aun, cuando no existen amenazas reales).
4. Respuestas de sobresalto amplificadas. Las personas con antecedentes de trauma tienden a sorprenderse y asustarse fácilmente por ruidos o movimientos inesperados.
5. Problemas para concentrarse. (Muchas personas con TEPT grave están tan enfocados en sus pensamientos perturbadores sobre el trauma pasado que tienen problemas en poner atención a su entorno actual. Pueden expresar esta condición como "problemas de memoria". Pero la verdad es que no pueden recordar lo que no podían concentrarse para empezar).

F. Problemas sustanciales para dormir, incluyendo pesadillas, causados por pensamientos difíciles y no deseados sobre el trauma.

G. La duración de los problemas enumerados anteriormente es más de 1 mes. Si es menos de un mes un diagnóstico diferente llamado "desorden de estrés agudo" se aplica.

H. La perturbación causa angustia y/o problemas sustanciales para la gente en situaciones sociales, en el trabajo o en otras actividades de la vida cotidiana. Algunas personas, por ejemplo, se vuelven tan atraídas y desorientadas que no pueden ir de compras, se pierden cuando salen de su casa y necesitan de la ayuda de otras personas para la mayoría de las actividades rutinarias.

I. Los síntomas descritos anteriormente no fueron causados por una sustancia (por ejemplo: medicamentos, alcohol o drogas recreativas) u otras condiciones médicas. Existen personas que usan drogas en un esfuerzo para hacer frente a sus problemas. Ciertamente la automedicación con drogas o alcohol puede crear sus propios problemas (como la paranoia). La investigación ha demostrado que la combinación de TEPT y el abuso de sustancias es común en las poblaciones inmigrantes. Pero para poder diagnosticar TEPT o abusos de sustancia (o un aumento substancial de dicho abuso) debe ser en respuesta a una experiencia traumática.

Es importante tener en cuenta que algunas personas que actúan en alguna forma de autodefensa pueden haber cometido violencia. En este caso, pueden sufrir el consiguiente trauma psicológico. Por ejemplo, los niños quiénes son forzados ser soldados sienten que no tenían otra opción en el asunto. Incluso los adultos en la vida civil puede que hayan experimentado situaciones en las que cometieron violencia bajo amenaza y así evitar ser atacados ellos mismos. En resumen, las experiencias de trauma no siempre implican una clara distinción entre "víctimas" y "criminales". Estas dos categorías a menudo se pueden solapar. Como hemos discutido previamente, las personas que fueron forzadas a pelear con otros o ser matados ellos mismos pueden ser identificados como enemigos por sus compañeros inmigrantes. Esto hace cuestiones jurídicas y morales complejas una vez que llegan a otro país.

Mientras que el TEPT es provocado por experiencias medioambientales, también puede producir cambios físicos en el cerebro. Cómo reacciona automáticamente el cerebro al trauma cuando percibe peligro tiende a cambiar. Por ejemplo, los investigadores han analizado la forma en que nuestros sesos reconocen las amenazas. En la gente quiénes han experimentado el trauma, la parte primitiva del cerebro ve peligros en todas partes y esto puede causar una reactividad dramática. En contraste, las personas sin una historia de trauma sustancial tienden a interpretar las cosas como más manejables. En general, las experiencias traumáticas tienden a cambiar la forma en que percibimos los peligros y así decidir cómo responder (ambos en términos de nuestras acciones y sensaciones físicas) al percibir amenazas.

Como resultado las personas con el TEPT tienen problemas filtrando situaciones en que la practica realidad no son muy peligrosos. Esto se vuelve un hábito de ser automáticamente afligido por eventos inesperados. Haber experimentado circunstancias peligrosas e impredecibles hace que las personas se sobresaltan fácilmente (por ejemplo, cuando alguien va caminando detrás de ellos). Como se mencionó en los criterios de diagnóstico previamente discutidos para el TEPT, a menudo estas personas son particularmente "desencadenado" por recuerdos de traumas pasados. Esto no es necesariamente una reacción consiente o voluntaria, sino que implica respuestas automáticas de "lucha o huye" en partes más básicas del cerebro (por ejemplo, la amígdala). En resumen, el cerebro pasa por alto el análisis racional y pasa directamente de la calma relativa a un miedo extremo que puede no ser proporcional al nivel de peligro real. Las personas con tales experiencias suelen estar demasiado vigilantes, ya que anticipan y crean maneras para impedir la próxima catástrofe.

Otra reacción común al trauma es la ira. El Centro Nacional para PTSD en los Estados Unidos lo describe como un "pedazo núcleo de la respuesta de supervivencia en los seres humanos". En situaciones peligrosas, nos puede dar la energía necesaria para poder sobrevivir. Pero si el estar enojado se hace un hábito, esto causa problemas obvios en nuestras vidas.

Hay pistas cuando las personas están reaccionando a algo en su pasado que no han podido resolver. Frecuentemente hablan en términos en absoluto, comúnmente usando las palabras "nunca" y "siempre". Dificultades menores se perciben como extremas. Estas personas tienden a verse a ellos mismos como víctimas en lugar de sobrevivientes. La ansiedad con regularidad se demuestra con enojo y rabia. Sin embargo, la investigación también sugiere que los pensamientos positivos pueden resultar en un mejor funcionamiento físico en el cerebro. En otras palabras, existe la esperanza que podemos superar problemas aun en nuestro cerebro físico.

Este libro sería incompleto sin mencionar el "trauma vicario." Tal trauma se nombra a reacciones emocionales desarrolladas por proveedores de atención médica, trabajadores de servicios sociales, personal de seguridad fronteriza, especialistas en inmigración (por ejemplo, abogados, interpretes), y otros que escuchan acerca de las experiencias difíciles de las personas con las que tienen contacto constante. Ciertamente muchos de los proveedores de atención médica, especialmente en entornos hospitalarios, han sentido tal trauma durante la pandemia del COVID-19 al tratar un número abrumador de pacientes enfermos y muertes día tras día. Del mismo modo, las personas que trabajan con refugiados pueden sentir tales traumas especialmente al oír acerca de y ver las consecuencias de la guerra, la tortura y otras experiencias horribles.

Un concepto algo relacionado es el trauma intergeneracional. Esto implica reacciones traumáticas que se transmiten de aquellos que experimentan directamente los eventos originales a la siguiente generación. Los niños pueden, por ejemplo, "heredar" reacciones traumáticas de sus padres. Esto puede incluir oír historias de eventos traumáticos de las personas que lo vivieron directamente. Pero además puede implicar el trasmitir o pasar formas disfuncionales que los adultos han utilizado en sus esfuerzos para lidiar con el trauma.

Además, es importante abordar las conexiones entre el TEPT y las lesiones cerebrales traumáticas (LCT). Las LCT son lesiones en el cerebro, el cráneo y el cuero cabelludo que afectan el funcionamiento mental. La prevalencia de las LCT en las poblaciones inmigrantes no es bien conocida. Pero se cree que es sustancial entre los refugiados que han sido expuestos a la guerra y otra violencia. En adición puede haber fuertes conexiones entre LCT y TEPT. No es sorprendente que una persona pueda desarrollar el TEPT después de haber experimentado un trauma craneoencefálico. Ambas condiciones también tienden a involucrar condiciones similares. Síntomas tales como problemas para dormir, concentración, memoria y humor. Los problemas asociados con las LCT se vuelven más complicados si los servicios médicos son pocos (o no existen) disponibles en el momento de la lesión. Es importante que los pacientes rastreen y compartan por completo su historial de trauma físico cuando reciben ayuda médica. De esa manera el mejor tratamiento puede ser aplicado.

Después cubriremos en este libro las varias formas de Tratamiento para el TEPT. Pero hay algunas cosas a considerar primero. Por ejemplo, en nuestra experiencia, las personas con TEPT a veces temen ir a tratamiento, creyendo que se les pedirá que cuenten la historia de su trauma una y otra vez. Hay tratamientos donde ese es el caso, pero tales repeticiones usualmente se dan lugar en clínicas dónde la persona es monitoreada para aliviar la cualquiera reacción dañina.

En nuestra practica privada, dedicamos gran parte de nuestro esfuerzo a pensar acerca de y la planificación el futuro. Existen cinco componentes necesarios para el tratamiento del trauma: las personas necesitan sentirse seguras, aprender estrategias para regular sus emociones, tener apoyo social (por ejemplo, de amigos y familia), aprender a entender mejor trauma y encontrar formas constructivas de usar la experiencia en sus vidas actuales.

---

### Ejemplo: Caso de Joachim Reimann:

Aquí hay un ejemplo de un paciente que estaba preocupado por tener que contar en terapia su historia una y otra vez:

Aproximadamente hace diez años trabaje con un paciente quién perdió a su esposa e hijos en un desastre aéreo. Él vivía en un país de Sur América cuando sucedió. Sobre el curso de psicoterapia sus síntomas mejoraron y completamos el tratamiento. Él tenía buena educación profesional y finalmente obtuvo un buen trabajo en otra ciudad de California que estaba a más de 100 millas de distancia. Luego, en marzo de 2014, recibí una llamada inesperada de él. Esto fue cuando desapareció el vuelo 370 de Malaysia Airlines. La cobertura de este evento en las noticias era constante durante semanas. No se podía prender el televisor sin tener los últimos datos y detalles. Debido a la similitud entre este desastre y sus propias experiencias, los síntomas del paciente volvieron a resurgir. Mi pensamiento inicial al recibir su llamada dado que ahora vivía lejos, este paciente debería conseguir un psicólogo local que lo ayudara. Sin embargo, el no quiso, ya que yo conocía su historia de trauma y no quería repetirla con un nuevo terapeuta.

La historia tuvo un fin bueno; este paciente en última instancia mejoro. Pero su reacción es un ejemplo útil de cómo un desastre actual y similar a uno previamente experimentado puede despertar malos recuerdos en personas con una historia de trauma.

Una nota final: A lo largo de nuestra práctica, nos hemos encontrado con gente quién a primer rasgo parece tener una disposición de enojo quién responden a problemas menores con rabia, y que parecen tener defectos sustanciales de carácter. También pueden llegar con una variedad de diagnósticos dados por otros médicos. Pero cuando exploramos completamente su historia, resulta que han experimentado un trauma psicológico importante. Como se describió anteriormente, las personas que huyen de la guerra, el crimen y otras amenazas a la vida en su país de origen (así como en su transcurso) son frecuentemente sometidos a eventos traumáticos y esto se convierte en una consideración importante con grupos de inmigrantes. Como psicólogos con pericia en TEPT en poblaciones de inmigrantes nuestro trabajo es mirar más allá de la ira y problemas emocionales a los factores profundos del trauma que causan tal reactividad.

# AGRADECIMIENTOS

**M**uchas personas han moldeado el contenido de este libro de manera directa o indirectamente. Nuestra editora, la Sra. Leslie Schwartz, nos ayudó a encontrar el estilo adecuado para usted, el lector. También hizo preguntas importantes sobre nuestros temas que no habíamos pensado de otra manera. Además, agradecemos al Sr. David Wogahn y la señorita Manon Woghan, quien nos guía a través de las muchas piezas complejas involucradas en la publicación de un libro. Para esta versión en español le agradecemos eternamente a la Sra. Leticia Gloria por su dedicación, colaboración y apoyo infinito.

Apreciamos nuestras colaboraciones pasadas con investigadores de la Escuela de Graduados de Salud Pública de la Universidad del Estado de San Diego. Esto incluye particularmente a los doctores Gregory Talavera y John Elder. También queremos reconocer a los amigos y colegas que trabajaron con nosotros en varios proyectos a lo largo del tiempo. En primer lugar, estos incluyen a nuestro amigo y socio, el Dr. Harve S. Meskin, cofundador del Grupo para el Reasentamiento y Evaluación de Inmigrantes (GIRA), así como el Dr. Mehboob Ghulam, el Dr. Fouad Beylouni, la Sra. María Elena Patiño y la Sra. Aida Amar. Además, apreciamos nuestro trabajo con líderes en las comunidades locales de África Oriental, particularmente el Sr. Ahmed Sahid, presidente y CEO de Somali Family Service de San Diego y el Sr. Abdi Mohamoud, presidente y CEO de la organización Cuerno de África.

Lo más importante es que deseamos agradecer a nuestros muchos pacientes y clientes que compartieron a lo largo de los años sus historias de vida. Aunque no pueden ser nombrados aquí debido a las regulaciones de confidencialidad. Sus experiencias están al corazón tanto del contenido de este libro como de nuestra motivación para escribirlo.

# SOBRE LOS AUTORES

**Joachim "Joe" Reimann, Ph.D.** nació en Berlín, Alemania. Su familia emigró a los Estados Unidos cuando él tenía 10 años. En la actualidad, Joachim es psicólogo clínico y presidente del Grupo para el Reasentamiento y Evaluación de Inmigrantes. Tiene una larga historia de trabajo con comunidades de inmigrantes y es ex presidente de la Junta de Somali Family Services de San Diego. Cuando anteriormente en la facultad adjunta en la Universidad Estatal de San Diego Escuela de Graduados de Salud Pública, Joachim recibió apoyo de subvenciones de la Oficina de Salud de las Minorías de los Estados Unidos, el Centro Nacional para las Disparidades de Salud de las Minorías y los Centros de Excelencia Hispanos. Su trabajo se centró en una serie de áreas de la medicina conductual. Estos incluyeron diabetes tipo 2, control del tabaco y cáncer colorrectal. Como tal, la investigación de Joachim ha sido publicada en Diabetes Care, The Diabetes Educator, Social Science & Medicine, Ethnicity & Health, American Journal of Prevenive Medicine, y otros puntos de venta. Además de un enfoque clínico, el doctorado de Joachim tiene un área de énfasis en Psicología Organizacional. En consecuencia, ha sido parte de varios esfuerzos de desarrollo organizacional y ha ocupado cargos administrativos a lo largo de su carrera.

 **Dolores I. Rodríguez-Reimann, Ph.D.** nació en Piedras Negras, México. Su familia emigró a los Estados Unidos cuando ella tenía 15 años. Psicóloga bilingüe y bicultural (inglés / español), Dolores ha trabajado con poblaciones de inmigrantes y refugiados durante muchos años. Los lugares específicos incluyen la práctica privada clínica, los servicios contratados con anterioridad a través de Survivor of Torture International y la investigación financiada. En la actualidad, Dolores es ejecutiva del Grupo para el Reasentamiento y Evaluación de Inmigrantes. Mientras era miembro adjunto de la facultad en la Escuela de Graduados de Salud Pública de la Universidad Estatal de San Diego, recibió subvenciones y apoyo contractual a través del Instituto Nacional del Corazón, los Pulmones y la Sangre (NHLBI), el Instituto Nacional del Cáncer (NCI) y la Oficina de Salud de las Minorías de los Estados Unidos. Su investigación sobre temas relacionados con la salud pública ha sido publicada en Ethnicity and Disease, y The Journal of Immigrant Health. Dolores también se ha desempeñado en múltiples puestos de liderazgo organizacional a lo largo de su carrera.

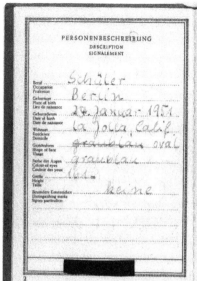

# SOBRE LAS PORTADAS

Al ver nuestro planeta Tierra desde el espacio, el astronauta Neil Armstrong ha sido citado diciendo: "De repente me di cuenta de que ese pequeño guisante, bonito y azul, era la Tierra. Levanté el pulgar y cerré un ojo, y mi pulgar borró el planeta Tierra. No me sentía como un gigante. Me sentí muy, muy pequeño". Otros han notado un mayor sentido de conexión con otras personas y la Tierra en su conjunto. En resumen, los astronautas han tenido el privilegio de ver nuestro planeta desde la distancia y llegar a reconocer lo que los humanos comparten en oposición a lo que nos divide. Creemos que es importante recordar estas ideas cuando hablamos de inmigración.

La película de 2023 "A Million Miles Away" sobre de la vida real del astronauta mexicano-estadounidense de la NASA José M. Hernández, incluye la frase "¿Quién mejor para dejar este planeta y sumergirse en lo desconocido que un trabajador agrícola migrante?" No podemos decirlo mejor.